Modern and
Folk Style

刺し子と
暮らす

実乃莉
Minori

普段使いの小物に刺す
モダンミックススタイル

はじめに

　シンプルな技法、布の補強といった実用性、みんなで使える伝統模様——。

　刺し子の魅力に惹かれ続け、飽きることなく今にいたります。

　たくさんの刺し子に触れるうちに、もっと暮らしの中でいきいきと使える刺し子を作りたい、技術的な完成度にこだわらず、布の引きつれや不揃いな針目を受け入れてその人らしさが引き立つような刺し子を作りたいと思うようになり、一冊の本にまとめました。

　刺し子をするうえで、布選びも楽しみのひとつです。この本では着古した服や手仕事的な方法で作られた布を多く使いました。手仕事布は土地ごとに特色があって味わい深く、作り手の言葉も胸に響きます。また着古した服やお気に入りの布など、他人から見れば何でもないものでも個人的な記憶や思い入れのある布を選ぶことが、よりその人らしい暮らしに近づく鍵になるのではないかと思います。

　本場には遠く及びませんが、海外の刺し子も紹介しています。刺し子のルーツはインドの袈裟という説もあるように、海外にも素晴らしい刺し子があります。手仕事を通じて海の向こうとの繋がりに関心を寄せていただければ何よりです。

　そのほかにも、日々の中で刺し子をいかすアイデアをこの一冊にぎゅっと詰めこみました。大きく変化する世界の中で、暮らしに確かな手ざわりをもたらす刺し子の楽しさをみなさんと分かち合うことができればうれしいです。

実乃莉

20ページの藍染めのマルチクロスは、以前から懇意にしていただいている就労支援施設 TERAS（テラス）のみなさんに刺し子をしていただきました。TERASは障がいや難病のある方にサポートをしながら、刺し子のオリジナルプロダクトを製作・販売することを主な事業としています。

　刺し子は伝統的かつ自由でもあるので、個性を発揮するのが得意な人や決まった規格のものを着実に作るのが好きな人など、利用者さんのさまざまな特性をいかしながらみんなで一緒にものづくりをするのに向いているといいます。そのためTERASが生み出すアイテムは、のびのび自由に刺した一点ものから洗練された感度の高いアイテムまで、多様な刺し子の魅力にあふれています。また使う素材には、地元の蔵から出てきた古布を再利用したり、長く愛用できる強度のある製品づくりを心掛けるなど、刺し子本来のあり方と重なる持続可能なものづくりに努める姿勢にも共感しています。

　今回お願いしたマルチクロスの完成を目にしたとき、丁寧な針仕事が伝わる糸始末に感謝しつつ、複数の手による刺し目のゆらぎが美しい陰影をもたらし、より一層の深みが増していることを発見して、とても嬉しく思いました。

この本について

　刺し子といえば、藍の布に規則正しく模様を刺した美しい和のイメージがありますが、昨今ではインドや韓国の刺し子がお店に並び、私たちの身近にも刺し子を取り入れたライフスタイルが広まってきました。それらの刺し子は、日本の刺し子を知る私たちには目新しくもすんなりと受け入れられるものだと思います。この本ではそんな新しいライフスタイルを考え、世界の刺し子の要素を取り入れた新しい刺し子の提案をしています。まっすぐぐし縫いする刺し子を基本とし、技法やスタイルで章立てをしています。

第1章　カンタ風
使い古したサリーなどの布を複数枚重ねてステッチをした布をカンタといいます。インドやバングラデシュのベンガル地方で受け継がれてきた刺繍です。布を重ねてシンプルにランニングステッチをしたラリーキルト、模様を刺繍して間をステッチで埋めたノクシカタなどもカンタの一種です。

第2章　ヤオ族風
ヤオ族は中国南部からタイ、ラオスなどの東南アジア北部に住む少数民族です。美しい刺繍をほどこした民族衣装が有名です。刺し子はランダムに刺したり、花や星の模様が特徴的です。

第3章　シンプル刺し子
シンプルなステッチで模様を描く刺し子です。決まりがなく、直線を刺したりランダムに刺したりしてモダンなデザインを多く掲載しました。

第4章　横刺し
山形の遊佐刺し子に多く見られる技法です。織り目を数えずに1段ずつ横に刺し進めて模様を作ります。遊佐刺し子は図面がなく、自分の針目の大きさで刺し進めますが、この本では目安となる図案を掲載しています。

第5章　一目刺し
方眼のマス目に沿って刺して幾何学模様で布を埋めていきます。縦、横、斜めと同じ方向に刺して規則性があるので、覚えてしまえばどんどん刺し進められます。

　もともと刺し子は布が貴重だった時代に、布を無駄にせず重ねたり、薄くなった部分に刺して補強するものでした。世界各地に刺し子のようなステッチがあり、伝統柄や技法が受け継がれています。布が簡単に手に入る時代になっても、刺し子の装飾性やセンス、手ざわりのよさには惹かれるものがあります。新しい布に刺すのも、使い古した布を活用するのもかまいません。この本の作品は、サイズが決まっていて図案を掲載しているものもありますが、自分好みにアレンジしても大丈夫。サイズを変えたり、布と糸を組み合わせ、ぐしぐし縫うことを楽しんでください。

この本で紹介している刺し子
- -
インド、バングラデシュ …… カンタ
中国、ラオス、タイ …… ヤオ族の刺し子
日本 …… 各地に刺し子が残る

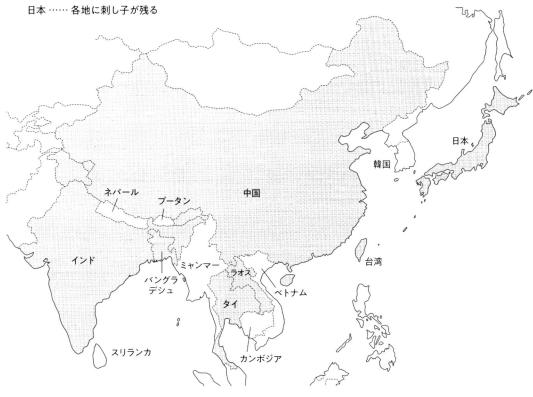

ネパール　ブータン　中国　日本　韓国
インド　ミャンマー　ラオス　台湾
バングラ　ベトナム
デシュ
タイ
スリランカ　カンボジア

日本の三大刺し子
- -
青森 津軽地方 …… こぎん刺し
青森 南部地方 …… 菱刺し
山形 庄内地方 …… 庄内刺し子
　　　　　　　　　（遊佐刺し子）

こぎん刺し　青森　菱刺し
秋田
岩手
庄内刺し子（遊佐刺し子）
山形　宮城
新潟
福島

基本は刺し子糸と刺し子針
を使います。いろいろな糸
と針があるので、好みのも
のを使ってください。

針

使う糸や布によって、針の長さと太
さを選んでください。布のリユース
でシャツ生地などを使う場合は、布
の目が細かいので細番手の針がおす
すめです。11ページに糸の通し方を
掲載していますが、スレダーがある
と便利です。

糸

細と合太の刺し子糸を使っています。色数の豊富なカード巻と量の多い
かせタイプがあるので、大きなものをたくさん刺すときはかせを、小物
で色を楽しみたいときはカード巻というように好みで使い分けてくださ
い。この本では家庭糸や刺繍糸でも刺し子をしています。

かせの扱い方

1
ラベルを外し、絡まないよ
うに広げます。輪になって
糸端同士が結ばれているの
で結び目をカットし、カッ
トした位置のすべての糸の
輪もカットします。

2
ラベルを通し、二つ折りし
て糸で2か所を結びます。使
うときは輪側から糸を引き
出します。

布

ふきんを刺すときはさらしを使いますが、この本ではさまざまな布を使っています。
使う前に水通しをし、布が歪んでいる場合はアイロンをかけながら布目を正します。

a. 会津木綿
36ページのニードルブックなどに使用。福島県の伝統工芸品で、布に厚みがあり刺し子ともよく合います。

b. 古布
16ページのコースターなどに使用。藍の古布ならではの使って何度も水に通った色と布の質感があります。

c. 手紡ぎ手織り布
72ページのタペストリーなどに使用。ラオスのレンテン族の布、インドのカディコットン、在来種のコットンを使った布など、出合ったときに買っておきます。工業製品とは違った不均一さなども味わいになります。

d. ブロックプリント
23ページの巾着バッグなどに使用。インドのブロックプリントはエキゾチックな花柄とプリントのズレ具合も独特で雰囲気があります。

e. 布のリサイクル
48ページのミニ巾着などに使用。使い古したトートバッグやストール、服などを使っています。刺しやすさの問題はありますが、布を大事に使うのは刺し子の原点でもあります。

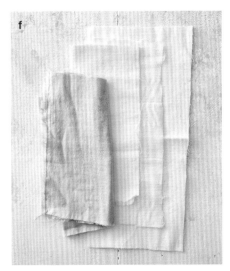

f. カンタの内側の布 ダブルガーゼやさらしのはぎれなどを使っています。使い古しの布でかまいませんが、やわらかい布がおすすめです。

この本で使っている道具やあると便利なものを紹介します。普段使っている好みの道具や材料でかまいません。

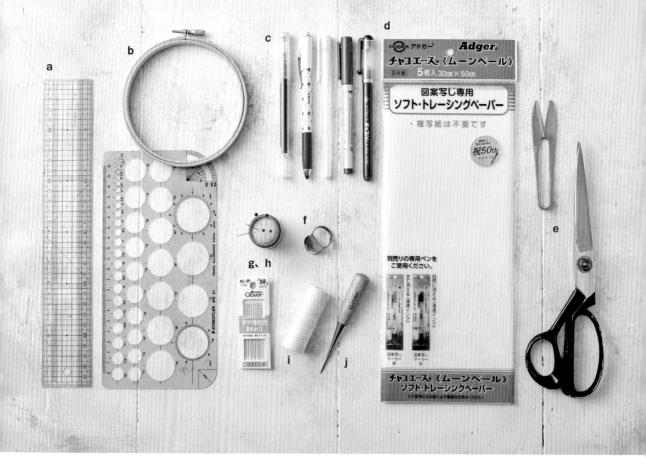

a. 定規
7mm、1cmのラインが入っているものが便利です。丸定規はヤオ族の丸い花の印をつけるときに使います。

b. 刺繍枠
ヤオ族の刺し子は刺繍枠をして刺しています。

c. 印つけペン
濃い色の布に使う用の白、シャープペンシルタイプ、熱で消えるフリクションペン、水や自然に消えるタイプを使い分けています。

d. 図案写し専用ソフト・トレーシングペーパー
図案を写すときに使います。手芸用複写紙を使ってもかまいません。

e. はさみ
裁ちばさみと糸切りばさみを用意しておきます。

f. 指ぬき
皿つきタイプの指ぬきです。皿部分に針の頭を当てて運針します。

g、h. 縫い針とまち針、ピンクッション
仕立て用の縫い針と仮止め用のまち針です。仕立て用の縫い糸も用意します。

i. しつけ糸
刺し子をする前にしつけをかけておくとずれずに刺しやすくなります。

j. 目打ち
布端を整えたり、細かな作業に使います。

刺し始める前に

基本は刺し子糸と刺し子針を使います。いろいろな糸と針があるので、好みのものを使ってください。

図案の写し方

▷ 布に直接描く

定規で引ける図案や簡単な図案は布に直接描きます。水で消えるペンを使います。

▷ 手芸用複写紙を使う

布、手芸用複写紙、図案、セロハンの順に重ねてまち針で止めます。セロハンの上からトレーサーで図案をなぞって布に写します。

▷ 図案写し専用ソフト・トレーシングペーパーを使う

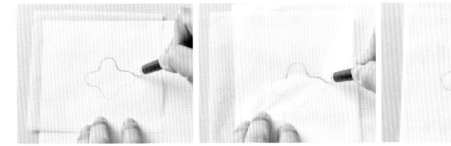

1 図案の上にソフト・トレーシングペーパーを重ねて水で消えるタイプやフリクションペンなどの印つけペンでなぞります。

2 図案を写したソフト・トレーシングペーパーを布の写したい位置に重ね、図案を印つけペンでなぞります。

3 ソフト・トレーシングペーパーを通してインクが布に写り、図案通りに写せます。

糸の通し方

1 指の上に糸端と針の頭を乗せ、糸を折り返して針で二つ折り状態にして指でつまみます。

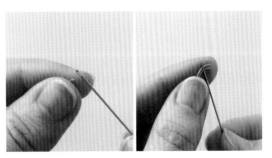

2 下から針を抜き、糸を指先でつぶして平らにした状態のまま糸の輪を針穴に押し入れます。通ったら糸を引き抜きます。

玉結びのしかた

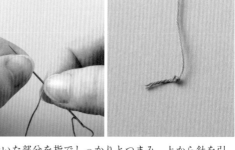

1 指の上に糸端と針先を乗せ、糸を針に2、3回くるくると巻きつけます。

2 巻いた部分を指でしっかりとつまみ、上から針を引き抜きます。糸端に玉結びができました。

刺し始め

玉結びで始める①

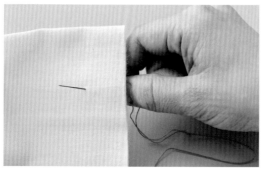

1 糸端に玉結びを作り、裏から針を入れて表の縫い始め位置に出します。

2 そのまま裏に玉結びがある状態で刺し始めます。裏を見せないものはこれでかまいません。

玉結びで始める② 引き入れる

1 裏に玉結びを見せたくないときは布の中に玉結びを引き入れます。布と布の間から針を入れて表の刺し始め位置に出します。

2 糸を引いて玉結びを布の間に引き入れます。

返し縫い

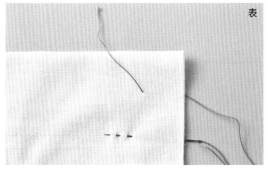

表

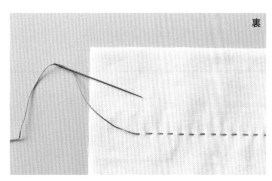

裏

1 刺繍の縫い始めと同じ要領です。少し離れた場所の表から針を入れ、刺し始め位置に針を出して刺し始めます。表に糸端を出しておくことで、裏で絡まるのを防ぎます。

2 最後まで刺したら糸端の始末をします。刺し始めの糸端を裏に引き出し、針に通します。

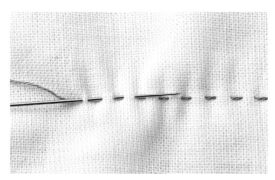

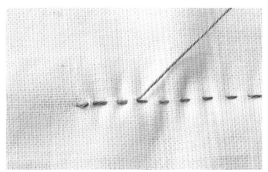

3 縫い目に合わせて重ね刺しをします。縫い目の上を裏布だけをすくって1目めは半目、2目めからは針目に合わせて3、4目刺します。

4 これで糸をカットすれば糸始末ができました。

基本の刺し方

針の持ち方

1 中指のつけ根に指ぬきをはめ、皿部分の穴に針の頭を当てて固定します。

2 そのまま親指と人差し指で針をつまみます。この状態で縫い進めます。最初は指ぬきが難しく感じるかもしれませんが、慣れれば上手に縫えるようになります。

運針（ぐし縫い）のしかた

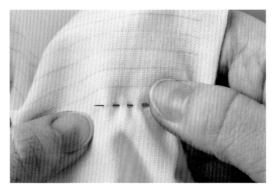

1 指ぬきに針を当てる持ち方で指で針と布をはさんで刺し始めます。左手でつまんだ布を上下に動かします。布を下げて針先を出します。

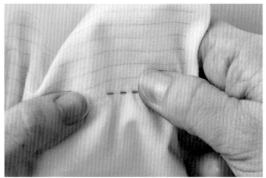

2 右手は針を指ぬきで押しながら、左手の布を上げて針先を裏に出します。左手の布が上なら右手の針は下、布が下なら針は上というように左右が交互になるように動かし、針を布に垂直に刺します。

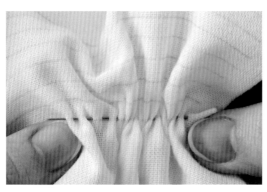

3 針は引き抜かずに、刺した布を針の上にどんどんためていきます。針目は2mmくらいの長さで、等間隔か表が少し長いくらいで刺します。カンタの場合は、表の針目を短く刺します。

4 針の上に布がいっぱいになったら針を抜かずに糸こきをします。左手の人差し指と親指で針先と布をつまんで押さえ、右手で針の上の布を右にしごいて送ります。

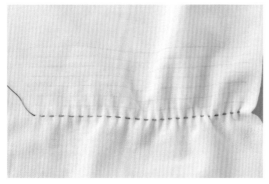

5 そのまま針を抜かずに同様に刺し進めます。最後まで刺したら針を抜き、縮んだ布を糸こきをします。

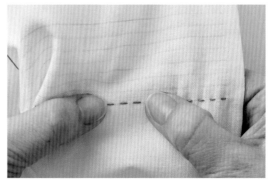

6 左手の親指と人差し指で針目の上をはさみ、布のしわを伸ばすように右から左へしごいて糸こきをします。

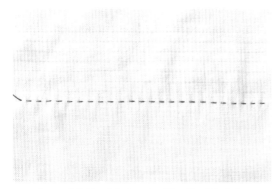

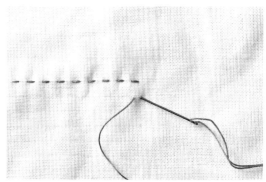

7 これで1列が刺せました。次に隣の列に移ります。

8 裏に針を出し、隣の列の1目めに針を出して返し縫いをします。布と糸が動きやすいカンタなどはこのように返し針をしますが、返し針をせずに端から刺し始めてもかまいません。

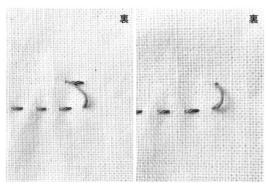

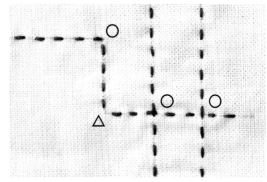

9 裏はこのようになっています。左が返し針をした場合、右はそのまま端から刺し始めた場合です。

10 角を刺すときは、角の直角を出すために角の印に針が入るように数目前から間隔を調整します。交差部分は糸が十字に重なっても重ならなくてもかまいません。ステッチを均等に見せたい場合は、交差部分に糸が重ならないようにするとよいでしょう。

刺し終わり

返し縫い

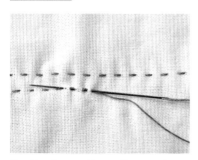

縫い始めと同じ要領で、縫い目に合わせて重ね刺しをします。縫い目の上を裏布だけをすくって1目めは半目、2目めからは針目に合わせて3、4目刺します。

玉止め

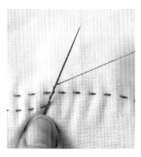

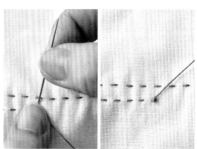

1 玉止めで終わってもかまいません。刺し終わりの位置に針を重ね、針先に糸を2、3回巻きつけます。

2 親指と人差し指で巻きつけた糸と一緒に針と布をはさみ、針だけを引き抜きます。玉止めができました。

カンタ風
KANTHA

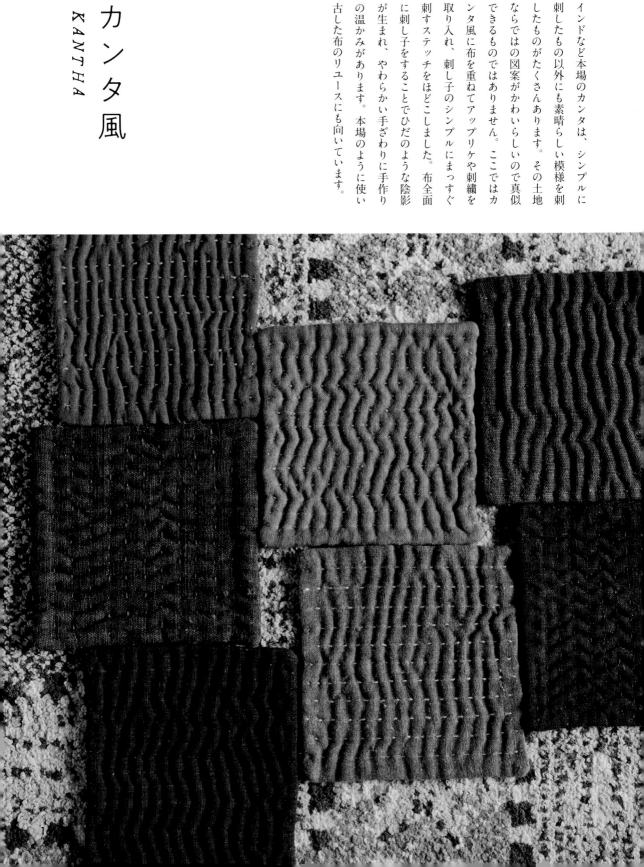

インドなど本場のカンタは、シンプルに刺したもの以外にも素晴らしい模様を刺したものがたくさんあります。その土地ならではの図案がかわいらしいので真似できるものではありません。ここではカンタ風に布を重ねてアップリケや刺繍を取り入れ、刺し子のシンプルにまっすぐ刺すステッチをほどこしました。布全面に刺し子をすることでひだのような陰影が生まれ、やわらかい手ざわりに手作りの温かみがあります。本場のように使い古した布のリユースにも向いています。

藍の濃淡のコースター　how to make...page 81

外側は藍の古布、内側はダブルガーゼやさらしを2〜4枚重ねています。刺し子糸も布に合わせて藍の濃淡で刺しました。

モノトーンのクッション　how to make...page 82
刺し子の角十つなぎという図案をアレンジしました。
ひとつは刺し子、もうひとつはアップリケをした上に直線の刺し子を刺します。

18

本体の布は在来種コットンを栽培し、手紡ぎ手織りをしたインドの布。

大判のマルチクロス　how to make...page 85

表裏の藍の濃淡が美しいクロスです。長方形の形が使いやすく、一枚あると何かと重宝します。

刺し子製作：就労支援施設TERAS

濃い色は藍染めのカディコットン、明るい色は藍染めと胡桃染めを重ねた古着のストールを使用。
膝掛けや敷物にしてもちょうどいいサイズ。

いろいろ巾着バッグ how to make…page 86

白い布はほうじ茶で染めてほんのりオフホワイトにしています。花柄のインテリアファブリックとベージュのリネンは少し粗目の布。
どれも刺し子のよさはそのままに印象が変わります。持ち手ひもは布に合わせて変えています。

カンタのイメージに合わせて毛糸で作ったタッセルを合わせました。

かわいさと使いやすさのバランスがちょうどいい少し小さめサイズ。
アップリケにははぎれや使わなくなったバッグの布を使っています。

切りっぱなしの布をアップリケしてもかわいいです。

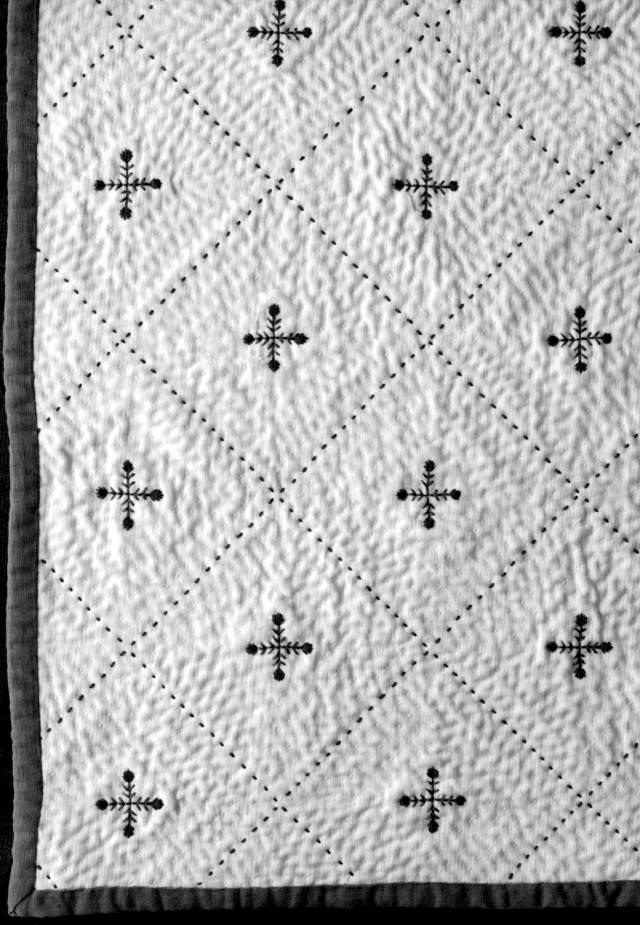

花刺繍のパイピングマット　how to make...page 88

格子の中心にワンポイントの花の刺繍をし、格子ごとに四角の刺し子をしているので複雑な陰影が生まれます。
素朴なかわいさがカンタっぽい一枚です。

アップリケマット　how to make...page 90

アップリケ部分と周囲にのみ刺し子をしました。アップリケは使い古したハンカチを使用。
デザインは18ページのクッションと同じ、角十つなぎのアレンジです。

アップリケと周囲で刺し子糸の太さを変えています。

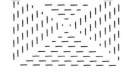

ヤオ族風
YAO

中国南部からタイ、ラオスなどの東南アジア北部に住むヤオ族風の刺し子です。伝統的な模様を刺繍した民族衣装が有名ですが、丸い花のように刺したり、ランダムに刺したり、自由にざくざくと刺したものも味わいがあります。そんな特徴的なモチーフを取り入れて、どこかかわいらしさのある小物に仕立てました。日本の刺し子のように規則正しい美しさではなく、偶然のかわいらしさを楽しんでください。

ナチュラルなピンクッション　how to make...page 92

民族的な刺し子は強い色も多いですが、ベージュの布にきなりの糸の組み合わせがやわらかで心地よいピンクッションです。

黒のフラップポーチ　how to make...page 91
使い古した麻のリネンストールを再利用しました。封筒のように角を突き合わせて仕立てます。
ふたの縁に刺し子をすることでくたくたになった布に張りをもたせています。

ちょうどポストカードが入るくらいのお手紙サイズ。花の刺し子は糸の重なりで少し立体的になります。

楕円と四角のバングル　how to make...page 94

鉱物と真珠の形をデフォルメした連続模様のデザインです。刺し子はぐるぐると刺し埋めてください。
2色の布の組み合わせに個性が出ます。

存在感はありますが、巻くと自然な雰囲気。ループを止める赤い玉がポイントになります。

斜め格子のニードルブック　how to make...page 96

刺し子針も収まる大きめサイズ。ステッチ自体は自由な間隔ですが、格子の形が浮き上がって見えるように刺します。

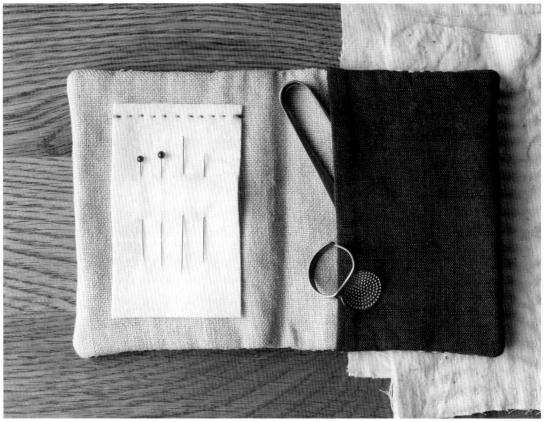

刺繍布のように全面に刺します。内側左は針用のフェルト、右はポケットになっています。

ストライプマット　how to make...page 99

ストライプのピッチのみラインを引いておき、間を自由に刺し埋めます。ここではマットサイズですが、好みのサイズで作ってください。

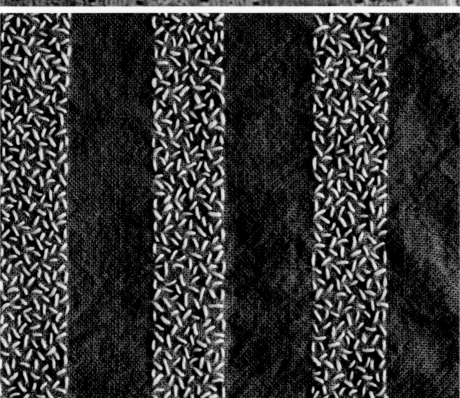

刺し方

形の外枠だけを決めて、基本的には自由に刺します。

刺し埋めたりひとつのモチーフを刺すので、刺繍枠に布を張っておくと刺しやすいです。

星

1 図案を描かずにそのまま刺します。玉結びをして表に針を出し、外から内に向かって2〜4mmの長さで刺します。

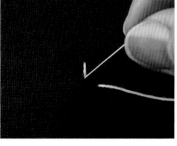

2 次に下に針を出し、最初に針を入れたすぐ隣に刺します。

3 これを5本繰り返して星の形に刺します。

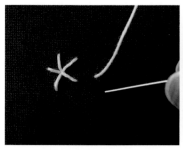

4 続けて隣の星を刺します。好みの位置に針を出し、同様に刺します。

5 5本のラインは等間隔でなくてもかまいません。少し踊っているように見えるのもかわいいです。

ランダム

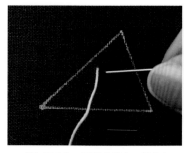

1 刺し埋めたい図案を描き、好きな位置から刺し始めます。

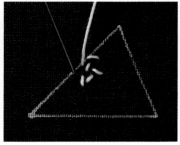

2 針目の向きはランダムに、長さと間隔はなるべく揃えて刺します。図案の端にきたら輪郭に沿って刺します。

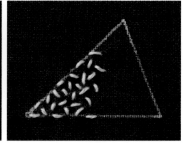

3 このようにして図案の中を刺し埋めます。ところどころを輪郭に沿って刺すことで形がきれいに見えます。

花

1 円定規で直径1.5cmの円を描き、中心に点をうっておきます。

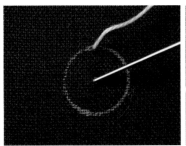

2 円の上中心から針を出して中心に針を入れます。これも外から内に向かって刺します。

3 下中心から中心、左中心から中心、右中心から中心の順に十字に刺します。次に間を順に刺します。

4 さらにその間を順に刺し埋めます。中心の糸が重なって刺しづらいときは、少し手前に刺してもかまいません。

5 全体に刺し埋めたら裏で糸始末をします。裏に渡っている糸3、4本に通すことを2回繰り返してカットします。

6 花の完成です。

図案と刺し順

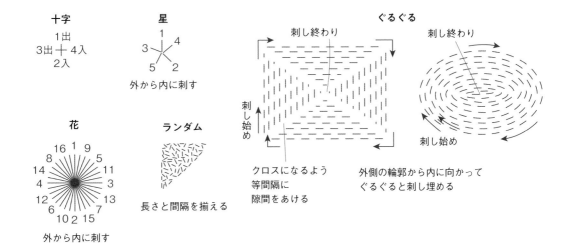

十字
1出
3出 ╋ 4入
2入

星
1
3   4
5   2
外から内に刺す

花
16 1 9
8   5
14   11
4   3
12   13
6   7
10 2 15
外から内に刺す

ランダム
長さと間隔を揃える

ぐるぐる

刺し終わり

刺し始め

刺し終わり

刺し始め

クロスになるよう等間隔に隙間をあける

外側の輪郭から内に向かってぐるぐると刺し埋める

シンプル刺し子
SIMPLE

直線やヤオ族風のランダムなステッチで模様を描く刺し子です。刺し子ですが刺繍のようでもあり、決まりがないので具象的なモチーフやストライプなどさまざまな模様を描くことができます。和風にもモダンにも楽しめる現代的な刺し子です。

違い刺しのふろしき　how to make...page 100

違い刺しはステッチが互い違いになるように針目を揃えて慎重に刺すときれいに仕上がります。
ステッチが際立つように2本取りで刺します。

格子のマット　　how to make...page 101

手紡ぎ手織り布のラフな織りのよさをいかすために、
線の交差する部分は糸を重ねないというルールを意識せずに刺しました。ざくざくと自然に刺すよさがあります。

割菊柄のフラップポーチ　how to make...page 102

割菊柄のフラップポーチ

古いふろしきなどによく見られる割菊柄の刺し子をして、ふたに強度をもたせています。刺し始めの糸を長く残して房にし、そのまま飾りにしても、三つ編みにしてとじ紐にしてもかわいいです。

ふたを伸ばすと割菊柄の全体が見えてきます。柘植の櫛がちょうど入るサイズ。

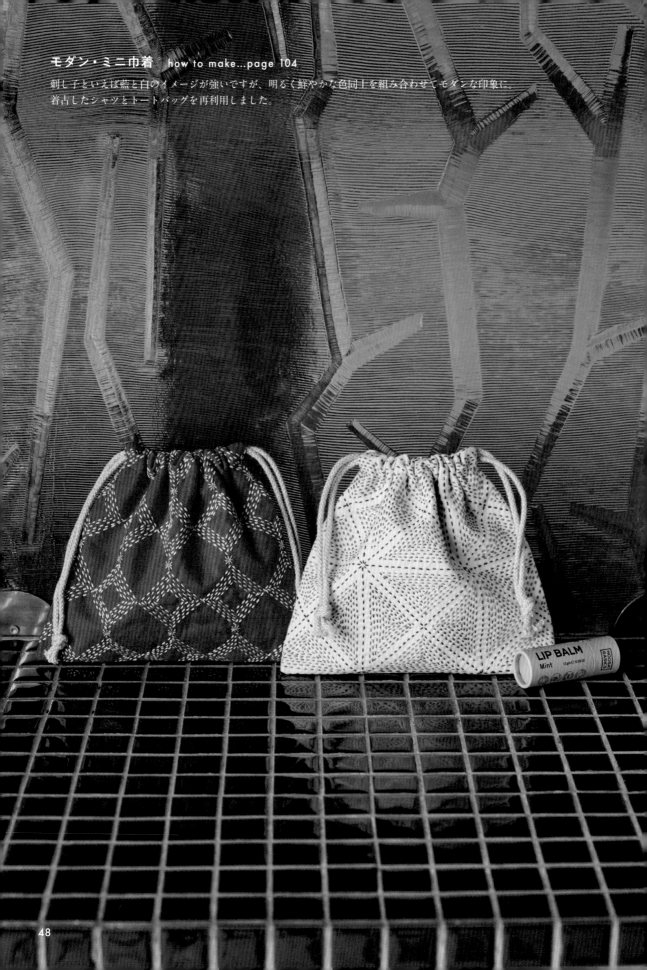

モダン・ミニ巾着　how to make...page 104

刺し子といえば藍と白のイメージが強いですが、明るく鮮やかな色同士を組み合わせてモダンな印象に。
着古したシャツとトートバッグを再利用しました。

上：少し横長の小さめがかわいいサイズ感。　下：青の三角をぐるぐる刺してからオレンジの直線を刺します。

リバーシブルのクロス　how to make...page 110

表と裏で布を変えてリバーシブルで使えるようにしました。刺し縮みは敬遠されがちですが、
気にせず刺し子をすることでフラットだった布が波打って表情が出るのもおもしろい一枚です。

50

刺し始めの糸を残してフリンジに。表はブロックプリント、裏はグリーンのカディコットンでどちらもインドの布を使用。

いろいろピンクッション　how to make...page 112

模様を刺すだけでなく、抜き型のように模様部分を残して見せたり、ランダムに刺した裏側を表にしたり、
布を重ねて刺し子で押さえたり。小さな四角形の中でサンプラー的にいろいろ遊べます。

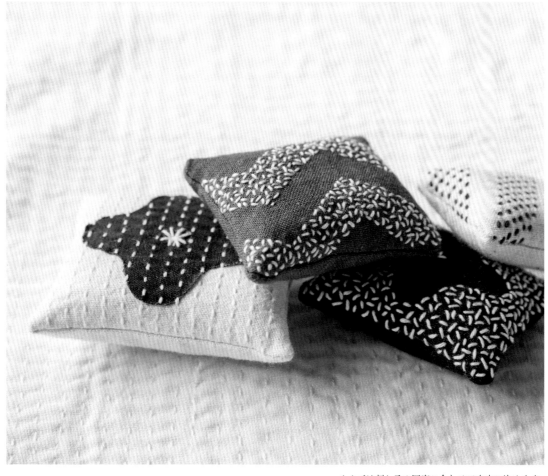

サイズは刺し子や図案に合わせて自由に決めます。

布とステッチの習作

a. 会津木綿にまっすぐ刺し子。 b. 古布にストレートステッチ風。 c. はぎれを重ねてパッチワーク風。重なりと布のほつれに刺し子。 d. カディコットンに格子刺し。 e. 会津木綿に2本と1本の間隔で。 f. 会津木綿に十字。 g. 会津木綿に3本ずつ揃えて。 h. 会津木綿に小さな小さな針目で。 i. ブロックプリントの花柄を囲む。 j. 会津木綿に丸。 k. 会津木綿に交差のおもしろさ。 l. 会津木綿に菱形をぐるぐると。

刺し方

刺し方自体は難しくないので、図案の輪郭に注意して刺してください。

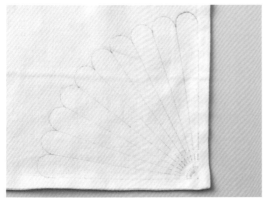

1 46ページの割菊柄を刺します。布の角に合わせて図案を写します。

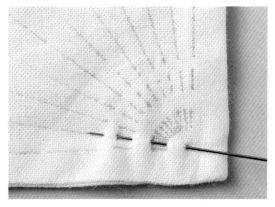

2 端から2本目のラインが刺し始めです。角から針を入れ、2段目のラインまでは1目ずつすくって刺します。

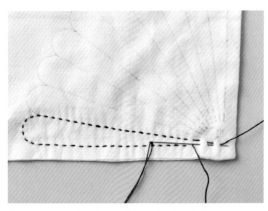

3 図案に沿って刺し、上のカーブをぐるりと刺して1本目のラインに戻ります。

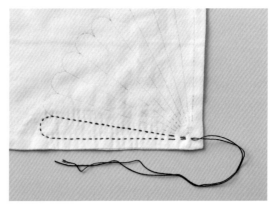

4 糸は引き切らずに好きな長さを残します。この残した糸が角の房になります。

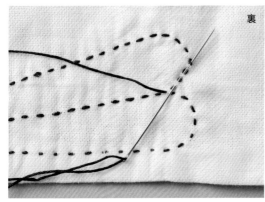

5 3本目を房を残して同様に刺します。3本目からは隣の辺と交差するカーブ部分で裏に針を出し、返し縫いをして糸をカットします。

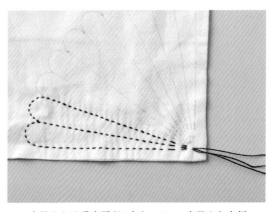

6 3本目からは残す房が1本なので、1本目よりも短い糸でかまいません。

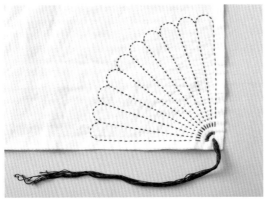

7 これを繰り返して最後まで刺します。割菊柄ができました。

8 好みで房部分を三つ編みします。まっすぐ房を整えてから編むときれいです。

図案と刺し順

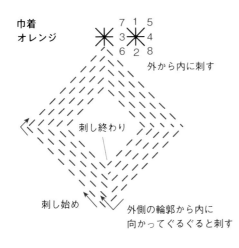

巾着
オレンジ

```
    7 1 5
    3   4
    6 2 8
```

外から内に刺す

刺し終わり

刺し始め

外側の輪郭から内に
向かってぐるぐると刺す

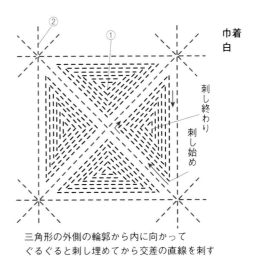

巾着
白

②
①

刺し終わり

刺し始め

三角形の外側の輪郭から内に向かって
ぐるぐると刺し埋めてから交差の直線を刺す

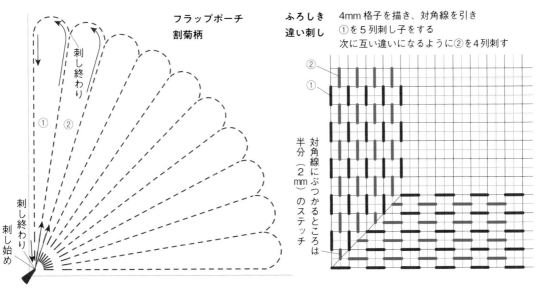

フラップポーチ
割菊柄

刺し終わり

① ②

刺し終わり

刺し始め

ふろしき
違い刺し

4mm格子を描き、対角線を引き
①を5列刺し子をする
次に互い違いになるように②を4列刺す

②
①

対角線にぶつかるところは
半分（2mm）のステッチ

57

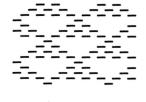

横刺し
BORDER

山形の遊佐刺し子などに見られる横刺しの刺し子です。ひたすら横に一段ずつ刺して模様を作ります。こぎん刺しも同じ刺し方ですが、こぎん刺しは布の目を拾って刺すのに対して、ここでは布の目は関係なく図案に沿って刺します。カンタなどにも見られる技法で、ボーダー模様として使われます。

インドのカンタにあるような、端をフリンジのまま残した菱刺しのマット。
全面にカンタのように刺し子をし、片側だけに横刺しを入れました。

テトラ型のサシェ　how to make...page 114

緑は鱗刺し、茶は絣格子という伝統的な模様です。
中に入れたポプリなどの香りが弱くなってきたら手縫い部分をほどいて詰め直せば繰り返し使えます。

ループをつけているのでクローゼットなどに吊るしても使えます。

色の交差するミニ巾着　how to make...page 107
白はインドのカンタにあるようなボーダー模様です。
緑はカディコットンに25番刺繍糸3本取りで刺し、タータンチェックのような雰囲気にしました。

糸始末を兼ねたフリンジは、刺し子糸をほぐしてふさふさにしています。48ページの巾着も同じサイズです。

杉刺しの鍋つかみ　how to make...page 118
伝統的な杉刺し模様です。シンプルだけど大胆な模様なので、半分だけに刺すと布との対比で刺し子柄がよく映えます。

刺し子糸の並びがヘリンボーン生地のようにも見えます。マットとしても使えます。

刺し方

1段ずつ横に端から端まで刺すことで最終的に全体の模様が完成します。

1 59ページのマットを刺します。繰り返し模様を1列描きます。

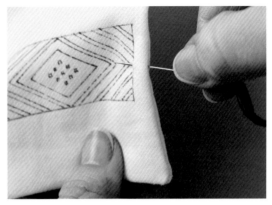

2 図案の中心から刺し始めます。糸は25番刺繍糸6本取りです。布の間から針を入れて刺し始め位置に出します。

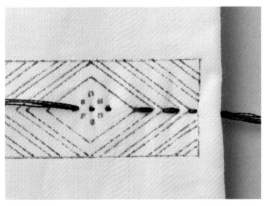

3 左右はフリンジにするので糸を残しておきます。図案に沿って糸を渡します。表に出す部分を間違えないようにしてください。

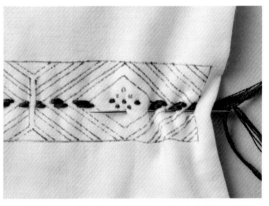

4 1段刺せたら刺し終わりもフリンジの糸を残し、2段、3段を同様にして右から左に刺します。上下どちらでもかまいませんが、ここでは下を先に刺します。

5 下半分がすべて刺せました。

6 残りの上半分を刺します。同様に1段ずつ刺して重ねます。上半分を刺したらフリンジを整えて完成です。

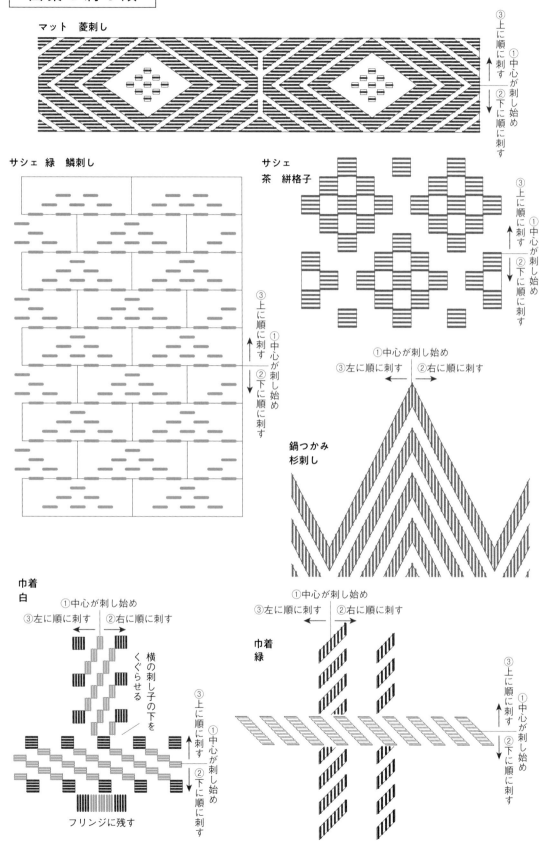

図案と刺し順

マット　菱刺し

③上に順に刺す
①中心が刺し始め
②下に順に刺す

サシェ　緑　鱗刺し

③上に順に刺す
①中心が刺し始め
②下に順に刺す

サシェ
茶　絣格子

③上に順に刺す
①中心が刺し始め
②下に順に刺す

①中心が刺し始め
③左に順に刺す　②右に順に刺す

鍋つかみ
杉刺し

巾着
白

①中心が刺し始め
③左に順に刺す　②右に順に刺す

横の刺し子の下をくぐらせる

③上に順に刺す
①中心が刺し始め
②下に順に刺す

フリンジに残す

巾着
緑

①中心が刺し始め
③左に順に刺す　②右に順に刺す

③上に順に刺す
①中心が刺し始め
②下に順に刺す

一目刺し
GRID

方眼のマス目に沿って一目ずつ、縦、横、斜めに刺し進むことで模様を作ります。同じ方向にすべて刺したらひっくり返してまた同じ方向を刺します。さらし全面に刺す花ふきんが有名ですが、ここではデザイン的にタペストリーやマットに刺してインテリアとして楽しみます。

藍のミニマット　how to make...page 120

藍の古布を使っています。
奥のマットの模様は段つなぎ、いろいろな布を合わせたパッチワークのマットの模様も
段つなぎですが応用してサンプラー風にしました。

格子のかごカバー　how to make...page 117

一目格子の模様をさらに大きな格子にしたデザインです。伝統模様がモダンに見えます。

規則正しく刺すのでテキスタイルのようにも見えます。布のサイズを変えたい場合は、上下、左右の格子の見え方を均等にするときれいです。

パターンのタペストリー　how to make...page 122

模様は柿の花という伝統模様です。
全面に刺してもすてきですが、タペストリーにするなら少しデザイン的にしてみると抜け感が出てお部屋に合います。

下は横の織り糸を抜いてフリンジにしています。

大判のタペストリー how to make...page 124

薄手の布を使い、刺し子も縁部分だけに刺して軽やかさを出しました。白は十字刺しとくぐり刺しの組み合わせ、ピンクは柿の花の模様です。

壁に吊るしても、何かにかけて使ってもふわっとした軽さがちょうどいい。

刺し方

格子に沿って規則的に刺します。模様をよく見て、刺す場所を間違えないようにしてください。

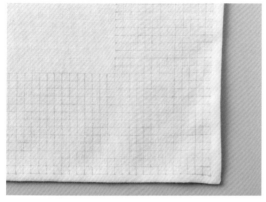

1 柿の花模様を刺します。刺し子をしたい部分に5mm
の方眼のガイド線を描きます。

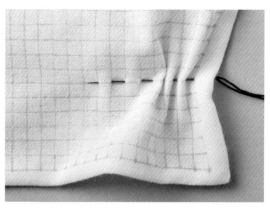

2 糸が同じ位置で向かい合う段から刺し始めます。裏
で玉結びにしても、玉結びを見せたくないときは返
し縫いにしても好みの方でかまいません。

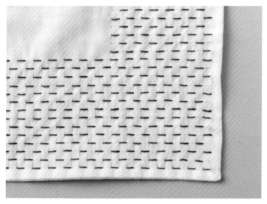

3 図案通りに横のラインのみを刺します。刺す場所を
間違えないように。

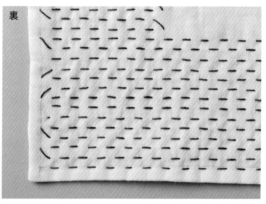

4 段が変わるときは裏で糸を渡します。縫い終わりは
玉止めでも返し縫いでもかまいません。

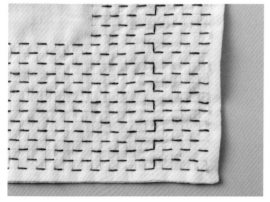

5 次に縦のラインを刺します。同様に糸が同じ位置で
向かい合う段から刺し始めます。

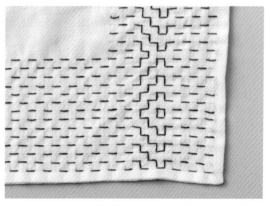

6 図案の位置を確認しながら縦のみを刺します。だん
だんと図案ができてきます。このようにして最後ま
で刺せば完成です。

76

図案と刺し順

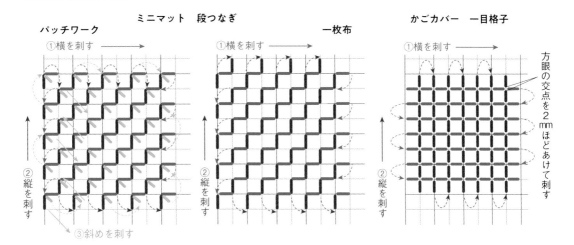

ミニマット　段つなぎ

パッチワーク

①横を刺す →

②縦を刺す

③斜めを刺す

一枚布

①横を刺す →

②縦を刺す

かごカバー　一目格子

①横を刺す →

②縦を刺す

方眼の交点を2mmほどあけて刺す

タペストリー

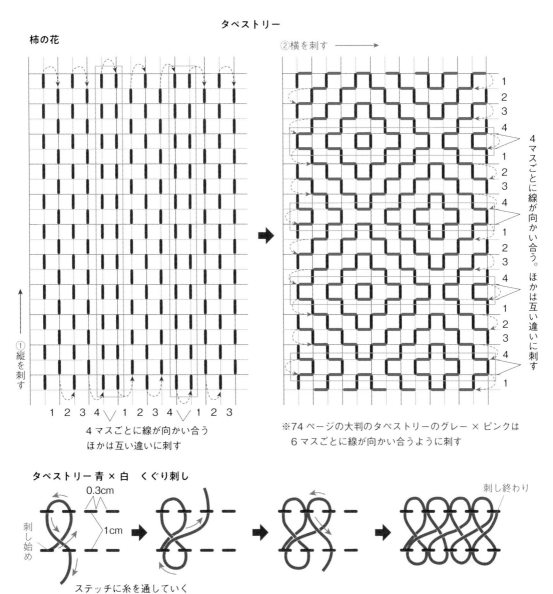

柿の花

①縦を刺す

②横を刺す →

1 2 3 4　1 2 3 4　1 2 3

4マスごとに線が向かい合う
ほかは互い違いに刺す

1
2
3
4
1
2
3
4
1
2
3
4
1
2
3
4
1

4マスごとに線が向かい合う。ほかは互い違いに刺す

※74ページの大判のタペストリーのグレー×ピンクは
6マスごとに線が向かい合うように刺す

タペストリー　青×白　くぐり刺し

0.3cm

1cm

刺し始め

ステッチに糸を通していく

刺し終わり

一目刺しは縦、横、斜めの組み合わせでさまざまな図案が描けます。
作品にアレンジしやすいように、同じ5mm間隔の一目刺しの図案を紹介します。

十字刺し

① 横を刺す
② 縦を刺す

5mmの方眼を描き、方眼に沿って
5mm間隔で横に刺してから縦に刺す

十字花刺し

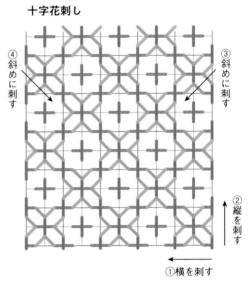

④ 斜めに刺す
③ 斜めに刺す
② 縦を刺す
① 横を刺す

5mmの方眼を描き、方眼に沿って
5mm間隔で横に刺してから縦に刺す
その後、縦横の目に合わせて斜めに刺す

銭刺し

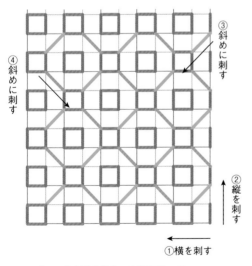

④ 斜めに刺す
③ 斜めに刺す
② 縦を刺す
① 横を刺す

5mmの方眼を描き、方眼に沿って
5mm間隔で横に刺してから縦に刺す
その後、縦横の目に合わせて対角線上に刺す

米の花刺し

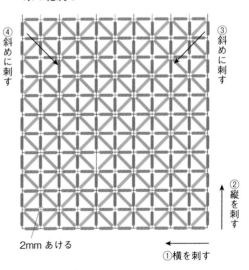

④ 斜めに刺す
③ 斜めに刺す
② 縦を刺す
① 横を刺す
2mmあける

5mmの方眼を描き、方眼に沿って
3mmの針目で横に刺してから縦に刺す
その後、縦横の目に合わせて対角線上に刺す

花十字刺し

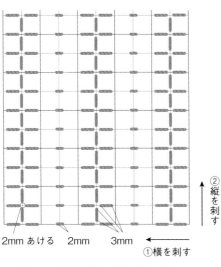

2mm あける　　2mm　　3mm

②縦を刺す

①横を刺す

5mm の方眼を描き、方眼に沿って
3mm、3mm、2mm の針目で横に刺してから
3mm の針目で縦に刺す

篭目

③斜めに刺す

②斜めに刺す

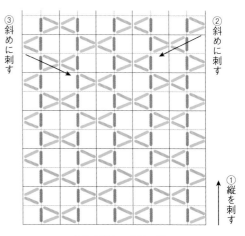

①縦を刺す

5mm の方眼を描き、方眼に沿って
3mm の針目で縦に刺す
その後、斜めに刺す

柿の花刺し（細かいタイプ）

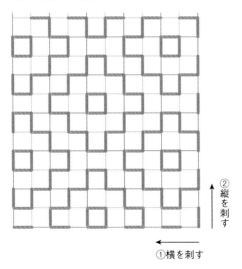

②縦を刺す

①横を刺す

5mm の方眼を描き、方眼に沿って
5mm 間隔で横に刺してから縦に刺す
縦は 2 つおき、横は 1 つおきに向かい合わせ

十の木

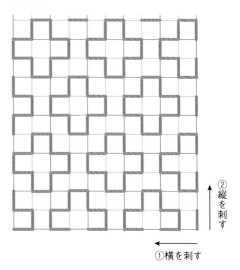

②縦を刺す

①横を刺す

5mm の方眼を描き、方眼に沿って
5mm 間隔で横に刺してから縦に刺す
横は 1 つおきに向かい合わせ

作品の作り方

How to make

- 図中の数字の単位はcmです。
- 構成図や図案の寸法には、特に表示のない限り縫い代を含みません。通常、縫い代は布同士を縫い合わせる場合は0.7cm、アップリケは0.5cm、仕立ては1cmくらいを目安にします。裁ち切りと表示のある場合は、縫い代をつけずに布を裁ちます。
- 指示のない点線は、縫い目やステッチのラインを示しています。
- 材料の布の寸法は、布幅×長さで表記しています。用尺は少し余裕を持たせています。作品の寸法は縦×横です。
- 刺し子をたくさん入れると刺し縮むことがあるので、布のサイズに余裕を持って刺すか、刺し子をした後に仕立てのサイズを引き直してください。
- 刺し子糸の番号は、DARUMA刺し子糸の色番号です。カード巻とかせがあり、カード巻の番号を表記しています。同じ色でもカード巻とかせで番号が違うことがあるのでご注意ください。
- 布と糸は好みのものを使ってください。
- 作品の出来上がりは、図の寸法と多少差の出ることがあります。

出来上がり寸法　10×10cm

材料（1点分）

本体用布25×15cm

内側布25×25cm

DARUMA刺し子糸〈細〉カード巻205（ピーコック）、215（紺）、216（濃あい）、225（瑠璃）

作り方のポイント

- カンタには内側布を2〜4枚重ねる。布によって重ねる枚数やサイズを変更する。

作り方

①本体2枚を中表に合わせ、内側布を重ねて返し口を残して周囲を縫う。

②表に返して返し口をまつってとじ、カンタキルティングをする。

本体2枚

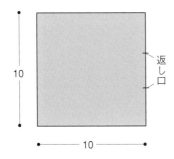

10

10

返し口

仕立て方

①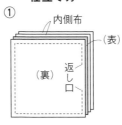

内側布

（表）

（裏）　返し口

本体2枚を中表に合わせ
同サイズの内側布を重ね
返し口を残して
周囲を縫う

②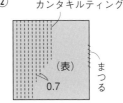

カンタキルティング

（表）

0.7

まつる

表に返して返し口を
まつってとじ
カンタキルティングをする

出来上がり寸法　30×30cm

材料（1点分）

本体用布90×35cm

内側布90×110cm

アップリケ用布50×30cm（Aのみ）

30×30cmヌードクッション1個

ダルマ家庭糸〈細口〉8（クリーム）

DARUMA刺し子糸〈合太〉カード巻219（黒）（Bのみ）

作り方のポイント

- 刺し子糸は2本取りで刺す。刺し子は刺し子糸、カンタキルティングは家庭糸で刺す。
- カンタには内側布を2～4枚重ねる。布によって重ねる枚数やサイズを変更する。
- カンタキルティングをすると縮むので、仕立てる前に出来上がり寸法を引きなおしてもよい。

作り方

①アップリケまたは刺し子をして本体前をまとめる。

②本体前と後ろに内側布を合わせてカンタキルティングをする。

③本体後ろの口の縫い代を三つ折りしてまつる。

④本体前と後ろを中表に合わせて周囲を縫う。

⑤ヌードクッションを入れる。

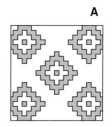

A

B

A 本体前 1 枚 カンタキルティング

アップリケ

0.7

30

30

B 本体前 1 枚 角十つなぎ刺し子

0.7

カンタキルティング

30

本体後ろ a1 枚

口部分の縫い代は2cmつける

0.7

26

30

本体後ろ b1 枚

口部分の縫い代は2cmつける　0.7

16

30

本体後ろの作り方

まつる

1

（裏）

a、bそれぞれの口の縫い代を三つ折りしてまつる

仕立て方

本体後ろ A（裏）

本体前（表）

本体後ろ B（裏）

本体前と後ろを中表に合わせ、周囲を縫う

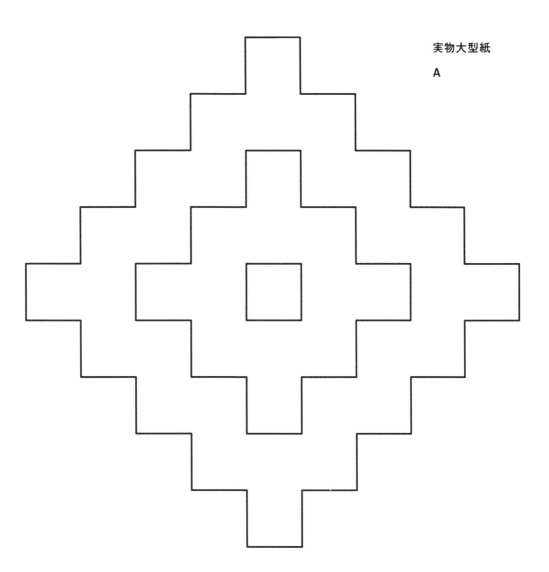

実物大型紙

A

出来上がり寸法　64 × 100cm

材料

本体用布2種各110 × 75cm
内側布110 × 200cm
DARUMA刺し子糸〈細〉カード巻215（紺）

作り方のポイント

- カンタには内側布を2〜4枚重ねる。布によって重ねる枚数やサイズを変更する。

作り方

①本体2枚を中表に合わせ、内側布を重ねて返し口を残して周囲を縫う。
②表に返して返し口をまつってとじ、カンタキルティングをする。

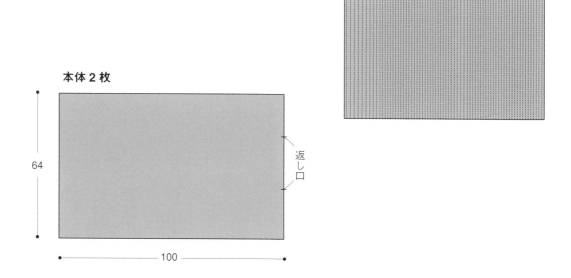

本体2枚

64

100

返し口

仕立て方

①

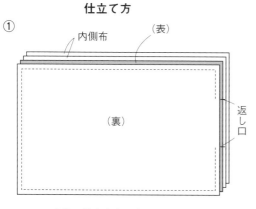

内側布　（表）

（裏）

返し口

本体2枚を中表に合わせ
同サイズの内側布を重ねて
返し口を残して周囲を縫う

②

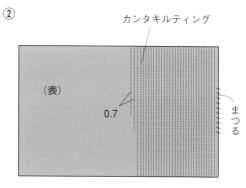

カンタキルティング

（表）

0.7

まつる

表に返して返し口をまつってとじ
カンタキルティングをする

p.22

出来上がり寸法　22×24cm

材料（1点分）

本体用布、中袋用布各30×50cm
内側布55×50cm
直径0.5cmひも320cm
DARUMA刺し子糸〈細〉カード巻　白・ベージュ・花柄：202（きなり）、黒：219（黒）

作り方のポイント

- 柄の上下のある生地は、本体を2枚カットして底で縫い合わせる。
- カンタには内側布を2〜4枚重ねる。布によって重ねる枚数やサイズを変更する。
- ひもは好みのものをつける。

作り方

①本体と内側布を合わせてカンタキルティングをする。
②本体と中袋を中表に合わせて口を縫う。
③口を中心に折り直して本体同士、中袋同士を中表に合わせてひも通し口と返し口を残して脇を縫う。
④表に返して返し口をとじ、ひも通しを縫う。
⑤ひもを通して結ぶ。好みでタッセルなどをつける。

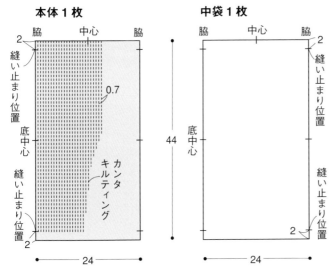

本体1枚

脇　中心　脇
2
縫い止まり位置
底中心
0.7
カンタキルティング
縫い止まり位置
2
24
44

中袋1枚

脇　中心　脇
2
縫い止まり位置
底中心
縫い止まり位置
2
24

仕立て方

① 中袋（表）
本体（裏）

本体と中袋を中表に
合わせて口を縫う

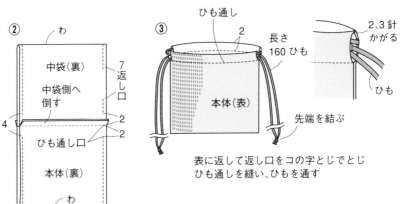

② わ
中袋（裏）
中袋側へ倒す
7 返し口
4
2
2
ひも通し口
本体（裏）
わ

口を中心に折り直して本体同士、中袋同士を
中表に合わせ、ひも通し口と返し口を残して脇を縫う

③ ひも通し
2
長さ160ひも
本体（表）
先端を結ぶ

2、3針かがる
ひも

表に返して返し口をコの字とじでとじ
ひも通しを縫い、ひもを通す

出来上がり寸法 27×25cm

ミニトート

材料（1点分）

本体用布 65×35cm

中袋用布 30×60cm

内側布 60×100cm

アップリケ用はぎれ各種（Aのみ）

幅3cm持ち手用テープ 65cm

A：ダルマ家庭糸〈細口〉35（枯色）

B・C：DARUMA刺し子糸〈細〉カード巻202（きなり）

アップリケ用好みの刺し子糸

作り方のポイント

- アップリケのステッチは自由に刺す。
- カンタには内側布を2～4枚重ねる。布によって重ねる枚数 やサイズを変更する。

作り方

①Aはアップリケをして本体前をまとめる。

②本体と内側布を合わせてカンタキルティングをする。

③本体を中表に合わせ、脇と底を縫う。

④中袋を作る。

⑤本体の口を折り、持ち手を重ねて縫う。

⑥本体の内側に中袋をまつりつける。

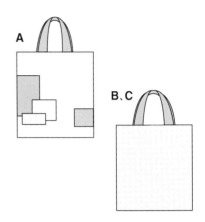

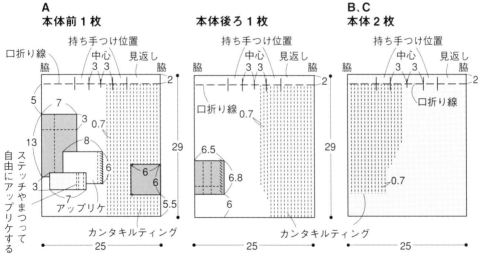

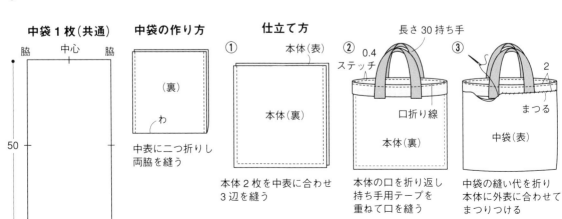

出来上がり寸法　29×40.5cm

材料

表布、裏布各45×35cm
内側布45×65cm
幅4cmテープ150cm
COSMO25番刺繍糸536A（緑）、107（ピンク）
ダルマ家庭糸〈細口〉オフホワイト

作り方のポイント

- カンタには内側布を2〜4枚重ねる。布によって重ねる枚数
  やサイズを変更する。
- 25番刺繍糸は3本取りで刺す。

作り方

①表布、内側布、裏布を合わせてカンタキルティングと刺繍を
する。
②周囲をパイピングで始末する。

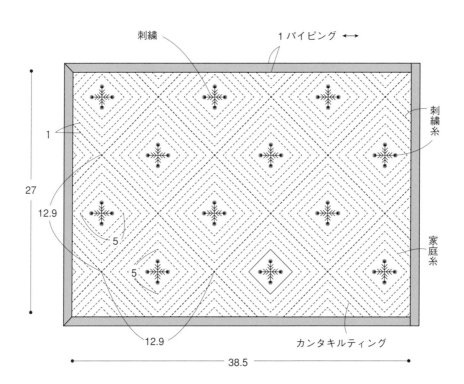

刺繍の刺し方

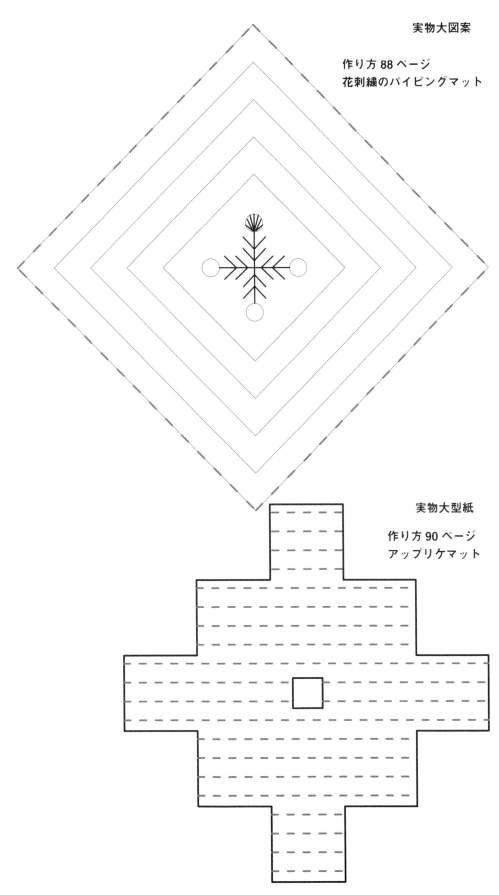

作り方 88 ページ
花刺繍のパイピングマット

実物大型紙

作り方 90 ページ
アップリケマット

出来上がり寸法　34.5×49cm

材料

アップリケ用布40×25cm

表布、裏布各55×40cm

内側布55×80cm

ダルマ家庭糸〈細口〉きなり

DARUMA刺し子糸〈合太〉カード巻229（ねずみ）

作り方のポイント

- カンタには内側布を2枚重ねる。布によって重ねる枚数やサイズを変更する。
- アップリケの実物大型紙は89ページ参照。

作り方

①表布にアップリケをし、内側布を合わせてカンタキルティングをする。

②表布と裏布を中表に合わせ、返し口を残して周囲を縫う。

③表に返して返し口をまつってとじ、周囲に刺し子をする。

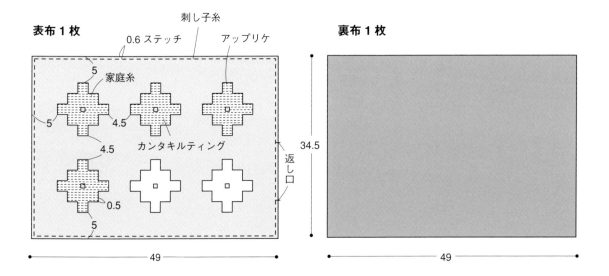

表布 1枚

0.6 ステッチ　　刺し子糸　　アップリケ

5　家庭糸

5

4.5

4.5　　カンタキルティング

0.5

5

49

34.5

裏布 1枚

返し口

49

仕立て方

① 裏布（表）　　内側布

返し口

表布（裏）

表布と裏布を中表に合わせ
返し口を残して周囲を縫う

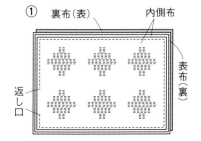

② 刺し子

まつる

表に返して返し口をまつってとじ
周囲を刺し子をする

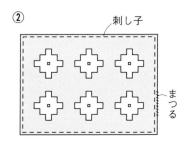

出来上がり寸法　10.5 × 14cm

黒のフラップポーチ

材料（1点分）

本体用布（裏布分含む）50 × 25cm

DARUMA刺し子糸〈細〉カード巻202（きなり）

作り方のポイント

- 刺し方は41・92ページも参照。

作り方

①本体と裏布を中表に合わせ、返し口を残して周囲を縫う。

②表に返して返し口をまつってとじる。

③刺し子をする。

④3つ角を中央で突き合わせ、コの字とじでとじる。

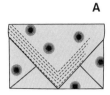

A

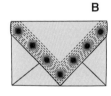

B

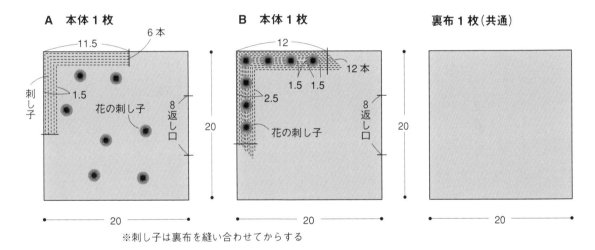

A　本体1枚

6本

11.5

刺し子

1.5

花の刺し子

8 返し口

20

20

B　本体1枚

12

12本

1.5　1.5

2.5

花の刺し子

8 返し口

20

20

裏布1枚（共通）

20

※刺し子は裏布を縫い合わせてからする

仕立て方

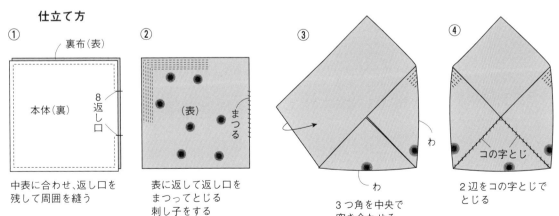

①

裏布（表）

本体（裏）

8 返し口

中表に合わせ、返し口を
残して周囲を縫う

②

（表）

まつる

表に返して返し口を
まつってとじる
刺し子をする

③

わ

わ

3つ角を中央で
突き合わせる

④

コの字とじ

2辺をコの字とじで
とじる

出来上がり寸法　7×7cm

ナチュラルなピンクッション

材料（1点分）
本体用布20×10cm
手芸綿適宜
DARUMA刺し子糸〈合太〉カード巻202（きなり）

作り方のポイント
• 刺し方は40ページも参照。

作り方
①本体前に刺し子をする。
②本体前と後ろを中表に合わせ、返し口を残して周囲を縫う。
③表に返して綿を詰め、返し口をまつってとじる。

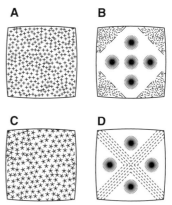

A　B

C　D

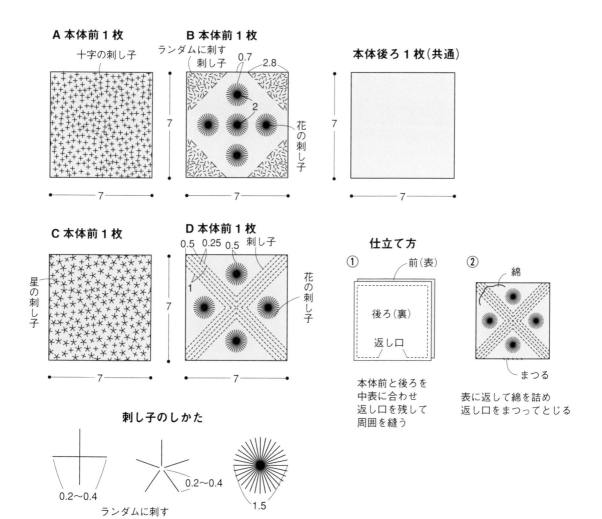

A 本体前 1 枚
十字の刺し子

7

7

B 本体前 1 枚
ランダムに刺す
刺し子
0.7　2.8
2
花の刺し子

7

7

本体後ろ 1 枚（共通）

7

7

C 本体前 1 枚
星の刺し子

7

7

D 本体前 1 枚
0.5　0.25　0.5　刺し子
1
花の刺し子

7

7

仕立て方
①
前（表）
後ろ（裏）
返し口

本体前と後ろを
中表に合わせ
返し口を残して
周囲を縫う

②
綿
まつる

表に返して綿を詰め
返し口をまつってとじる

刺し子のしかた

0.2～0.4

0.2～0.4
ランダムに刺す

1.5

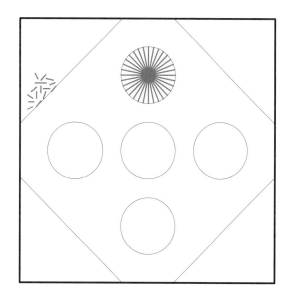

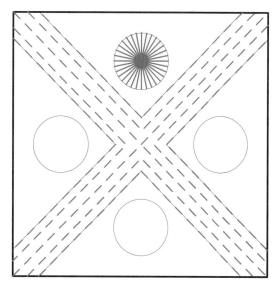

p.34

出来上がり寸法　17×4cm

材料（1点分）
表布5×20cm
裏布10×20cm
ひも飾り用布5×5cm
幅3・3.8cm杉綾テープ各20cm
直径0.3cmワックスコード10cm
手芸綿適宜
DARUMA刺し子糸〈細〉カード巻202（きなり）

作り方のポイント
● 刺し方は41ページも参照。

作り方
①本体表布に刺し子をする。
②本体表布に杉綾テープを重ね、両端を折ってくるむ。
③本体裏布に杉綾テープを重ね、表布同様にくるむ。
④本体裏布に表布を重ねてまつる。
⑤裏布の端を折って、コードを通して表布にまつる。
⑥ひもの先端にひも飾りを作ってつける。

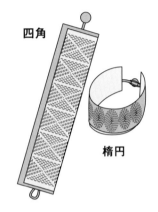

四角

楕円

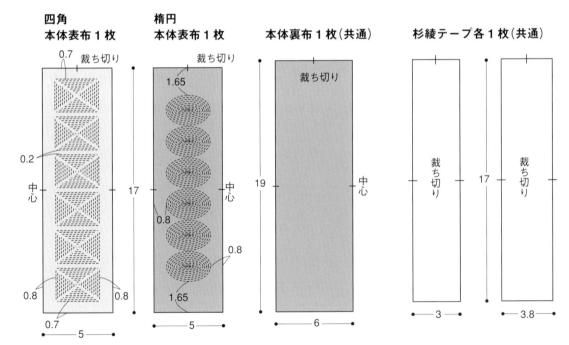

四角
本体表布1枚
0.7　裁ち切り
0.2
中心
17
0.8　0.8
0.7
5

楕円
本体表布1枚
裁ち切り
1.65
中心
0.8
0.8
1.65
5

本体裏布1枚（共通）
裁ち切り
19
中心
6

杉綾テープ各1枚（共通）
裁ち切り
裁ち切り
17
3
3.8

ひも飾り1枚（共通）

3.2
裁ち切り

ひも飾りの作り方

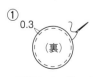

①
0.3
（裏）
周囲をぐし縫いする

②
綿
綿を詰めて縫い代を
入れ込みながら
ぐし縫いを引き絞る

③
コードの
先端
コードの先端を入れてかがり
そのままコードに糸を巻く

仕立て方

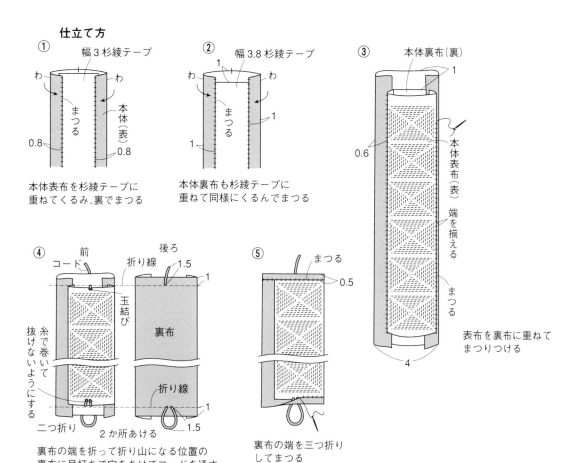

① 幅3 杉綾テープ
わ
わ
まつる
本体（表）
0.8
0.8

本体表布を杉綾テープに
重ねてくるみ、裏でまつる

② 幅3.8 杉綾テープ
1
わ
わ
まつる
1
1

本体裏布も杉綾テープに
重ねて同様にくるんでまつる

③ 本体裏布（裏）
1
0.6
本体表布（表）
端を揃える
まつる
4

表布を裏布に重ねて
まつりつける

④ 前
コード
後ろ
折り線
1.5
1
玉結び
裏布
糸で巻いて抜けないようにする
折り線
1
二つ折り
2か所あける
1.5

裏布の端を折って折り山になる位置の
裏布に目打ちで穴をあけてコードを通す

⑤ まつる
0.5

裏布の端を三つ折り
してまつる

実物大図案

四角

楕円

出来上がり寸法　11.5×9cm

斜め格子のニードルブック

材料（1点分）

本体用布（ポケット分含む）35×15cm

本体内布、キルト綿各25×15cm

フェルト10×10cm

DARUMA刺し子糸〈細〉カード巻202（きなり）

作り方のポイント

• 刺し方は41ページも参照。

作り方

①本体に刺し子をする。

②本体内布に針刺しを縫いつけ、ポケットを作って仮止めする。

③本体と本体内布を中表に合わせ、キルト綿を重ねて返し口を残して周囲を縫う。

④表に返して返し口をまつってとじる。

緑

黄色

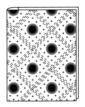

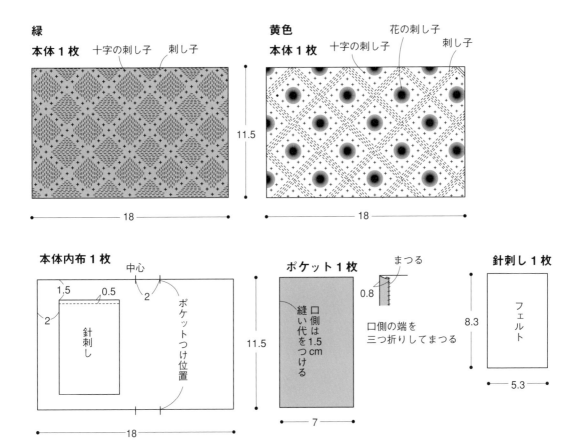

緑

本体1枚　十字の刺し子　刺し子

11.5

18

黄色

本体1枚　十字の刺し子　花の刺し子　刺し子

18

本体内布1枚

中心

1.5　0.5　2

2

針刺し

ポケットつけ位置

11.5

18

ポケット1枚

口側は縫い代を1.5cmつける

7

まつる

0.8

口側の端を三つ折りしてまつる

針刺し1枚

フェルト

8.3

5.3

仕立て方

①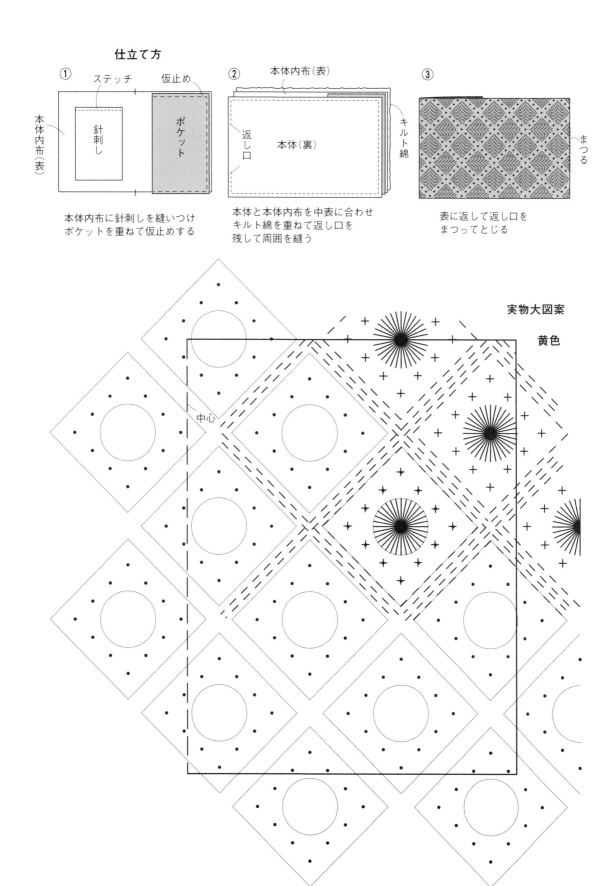
本体内布（表）
ステッチ
針刺し
ポケット
仮止め

本体内布に針刺しを縫いつけ
ポケットを重ねて仮止めする

② 本体内布（表）
本体（裏）
返し口
キルト綿

本体と本体内布を中表に合わせ
キルト綿を重ねて返し口を
残して周囲を縫う

③ まつる

表に返して返し口を
まつってとじる

実物大図案

黄色

中心

97

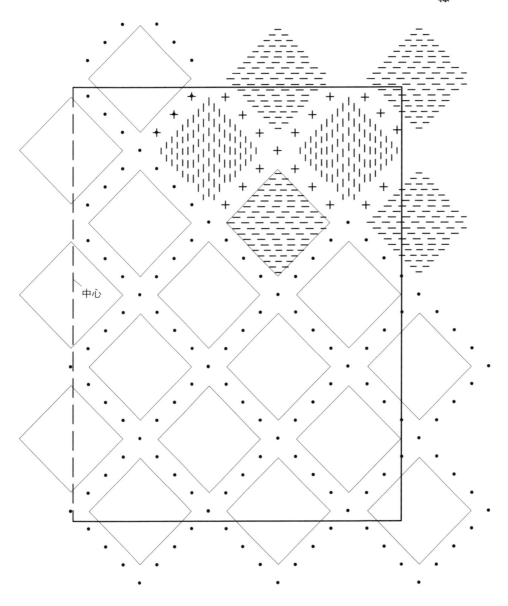

中心

出来上がり寸法　27.5×40cm

材料
本体用布 40×35cm
DARUMA 刺し子糸〈合太〉カード巻202（きなり）

作り方のポイント
● ストライプの輪郭のみ下書きし、ランダムに刺し子をする。
　 刺し方は40ページも参照。

作り方
①本体に刺し子をする。
②上下を三つ折りしてまつる。

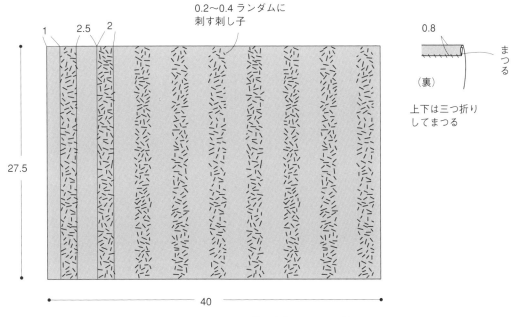

0.2〜0.4 ランダムに
刺す刺し子

1　2.5　2

27.5

40

0.8

（裏）

まつる

上下は三つ折り
してまつる

※横は布幅をそのまま使う
　上下は縫い代を1.5cm ずつつける

出来上がり寸法　53×53cm

違い刺しのふろしき

材料（1点分）
本体用布 115×60cm
DARUMA 刺し子糸〈合太〉カード巻202（きなり）、215（紺）

作り方のポイント
- 刺し方は57ページも参照。
- 刺し子糸は2本取りで刺す。

作り方
①本体2枚を中表に合わせ、返し口を残して周囲を縫う。
②表に返して返し口をまつってとじ、刺し子をする。

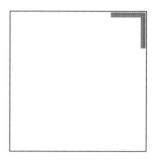

本体2枚

53

53

仕立て方

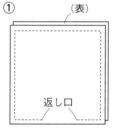

① （表）

返し口

中表に合わせ、返し口を
残して周囲を縫う

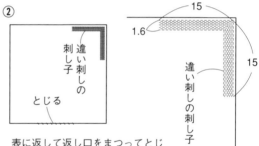

② 違い刺しの刺し子

とじる

15

1.6

15

違い刺しの刺し子

表に返して返し口をまつってとじ
違い刺しの刺し子をする

刺し子のしかた

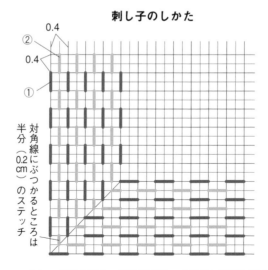

② 0.4

0.4

①

対角線にぶつかるところは半分（0.2cm）のステッチ

0.4cm 格子を描き、対角線を引いて①を5列刺し子をする
次に互い違いになるように②を4列刺す

出来上がり寸法　28×40.5cm

材料

40.5cm幅の布30cm

DARUMA刺し子糸〈合太〉カード巻219（黒）

作り方のポイント

• 布に直接ガイドラインを引いて刺す。

作り方

①本体に刺し子をする。

②上下を三つ折りしてまつる。

刺し子

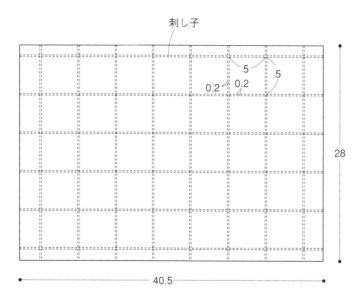

5
5
0.2　0.2

28

40.5

※横は布幅をそのまま使う
上下は縫い代を1cmずつつける

刺し子のしかた

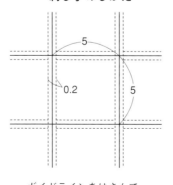

5
0.2
5

ガイドラインをはさんで
2本揃えて刺す

仕立て方

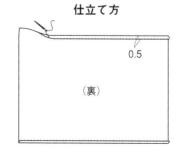

0.5

（裏）

上下を三つ折りしてまつる

p.46 出来上がり寸法　10.5×14cm

割菊柄のフラップポーチ

材料（1点分）
本体用布（裏布分含む）50×25cm
DARUMA刺し子糸〈細〉カード巻　緑：202（きなり）、ベージュ：
219（黒）

作り方のポイント
● 刺し方は56ページも参照。

作り方
①本体と裏布を中表に合わせ、返し口を残して周囲を縫う。
②表に返して返し口をまつってとじる。
③刺し子をする。
④3つ角を中央で突き合わせ、コの字とじでとじる。

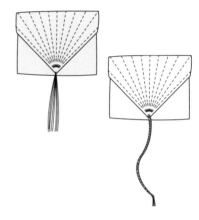

本体 1 枚

8 返し口

刺し子

緑 13 cm
ベージュ 35 cm

20

20

裏布 1 枚

20

20

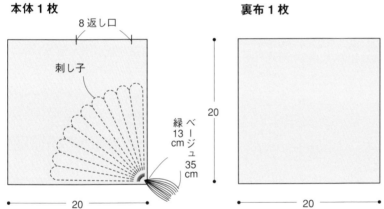

※刺し子は裏布を縫い合わせてからする

仕立て方

①
裏布（表）
8 返し口
本体（裏）

中表に合わせ、返し口を
残して周囲を縫う

②
まつる
（表）
ベージュは三つ編みする

表に返して返し口をまつって
とじ、刺し子をして角から糸を
出して残しておく

③
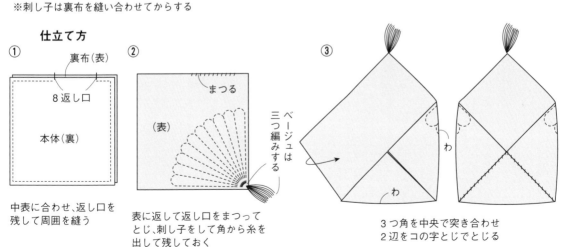

わ
わ

3つ角を中央で突き合わせ
2辺をコの字とじでとじる

刺し子のしかた

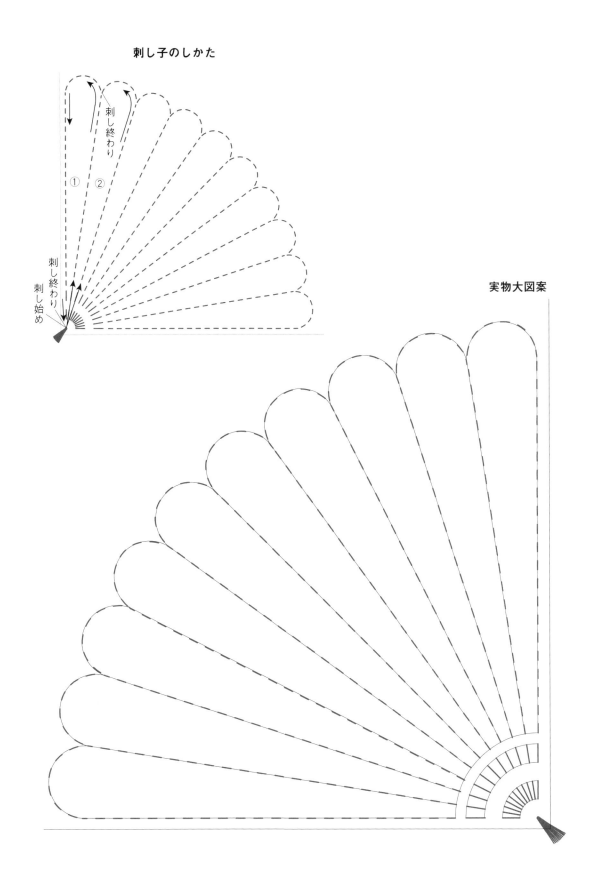

刺し終わり

① ②

刺し終わり

刺し終わり

刺し始め

実物大図案

出来上がり寸法　16×18cm

モダン・ミニ巾着

材料（1点分）

本体用布50×25cm
中袋用布50×25cm
直径0.5cmひも100cm
DARUMA刺し子糸〈細〉カード巻　オレンジ：202（きなり）、
207（エメラルド）、白：214（キャロット）、225（瑠璃）

作り方のポイント

- 口の縫い代は3cm、そのほかは1cmつける。
- 脇の縫い代は割って形をつけておくと、ひも通し口の縫い代
　がきれいに見える。
- 刺し方は57ページも参照。

作り方

①本体前に刺し子をする。
②本体と中袋を中表に合わせて口を縫う。
③②をひらき、本体同士、中袋同士を中表に合わせてひも通し
口と返し口を残して脇と底を縫う。
④表に返して返し口をとじ、ひも通しを縫う。
⑤ひもを通す。

オレンジ

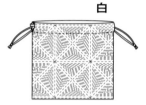

白

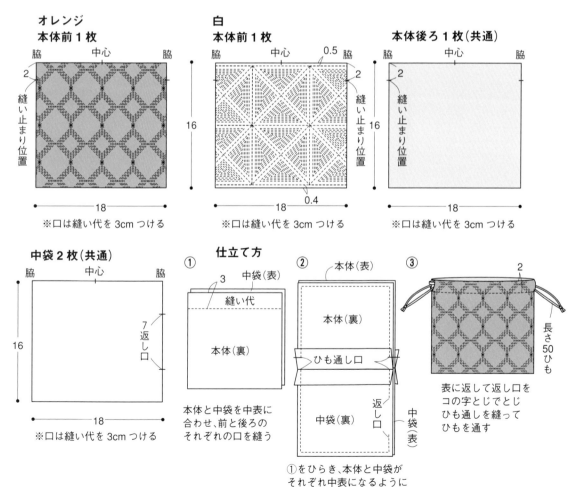

オレンジ
本体前1枚

脇　　中心　　脇
2
縫い止まり位置
16
18
※口は縫い代を3cmつける

白
本体前1枚

脇　　中心　0.5　脇
2
縫い止まり位置
16
18
0.4
※口は縫い代を3cmつける

本体後ろ1枚（共通）

脇　　中心　　脇
2
縫い止まり位置
16
18
※口は縫い代を3cmつける

中袋2枚（共通）

脇　　中心　　脇
7
返し口
16
18
※口は縫い代を3cmつける

仕立て方

① 中袋（表）
3
縫い代
本体（裏）

本体と中袋を中表に
合わせ、前と後ろの
それぞれの口を縫う

② 本体（表）
本体（裏）
ひも通し口
中袋（裏）
返し口
中袋（表）

①をひらき、本体と中袋が
それぞれ中表になるように
合わせて、ひも通し口と
返し口を残して脇と底を縫う

③
2
長さ50ひも

表に返して返し口を
コの字とじでとじ
ひも通しを縫って
ひもを通す

実物大図案

オレンジ

中心

105

実物大図案

白

中心

出来上がり寸法　16×18cm

色の交差するミニ巾着

材料（1点分）
本体用布（中袋分含む）50×50cm
直径0.4cm麻ひも100cm
白：DARUMA刺し子糸〈細〉カード巻221（茜）、208（笹）
緑：COSMO25番刺繍糸578（茶）、2009（黄）、3115（ピンク）

作り方のポイント
- 口の縫い代は3cm、そのほかは1cmつける。
- 脇の縫い代は割って形をつけておくと、ひも通し口の縫い代がきれいに見える。
- 刺し方は67ページも参照。
- 25番刺繍糸は3本取りで刺す。

作り方
① 本体前に刺し子をする。
② 本体と中袋を中表に合わせて口を縫う。
③ ②をひらき、本体同士、中袋同士を中表に合わせてひも通し口と返し口を残して脇と底を縫う。
④ 表に返して返し口をとじ、ひも通しを縫う。
⑤ ひもを通す。

白

緑

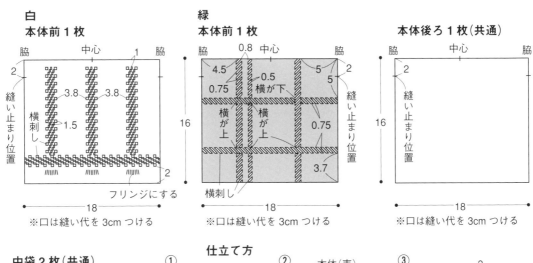

白
本体前1枚
脇　中心　脇
1
2
縫い止まり位置
横刺し
3.8　3.8
1.5
フリンジにする
2
18
※口は縫い代を3cmつける

緑
本体前1枚
脇　0.8　中心　脇
4.5　0.5
0.75　横が下
横が上　横が上
5
5
2
縫い止まり位置
0.75
3.7
横刺し
16
18
※口は縫い代を3cmつける

本体後ろ1枚（共通）
脇　中心　脇
2
縫い止まり位置
16
18
※口は縫い代を3cmつける

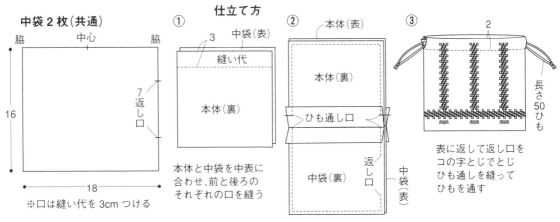

中袋2枚（共通）
脇　中心　脇
7
返し口
16
18
※口は縫い代を3cmつける

仕立て方

①
3
中袋（表）
縫い代
本体（裏）

本体と中袋を中表に
合わせ、前と後ろの
それぞれの口を縫う

②
本体（表）
本体（裏）
ひも通し口
中袋（裏）
返し口
中袋（表）

①をひらき、本体と中袋が
それぞれ中表になるように
合わせて、ひも通し口と
返し口を残して脇と底を縫う

③
2
長さ50ひも

表に返して返し口を
コの字とじでとじ
ひも通しを縫って
ひもを通す

様

白

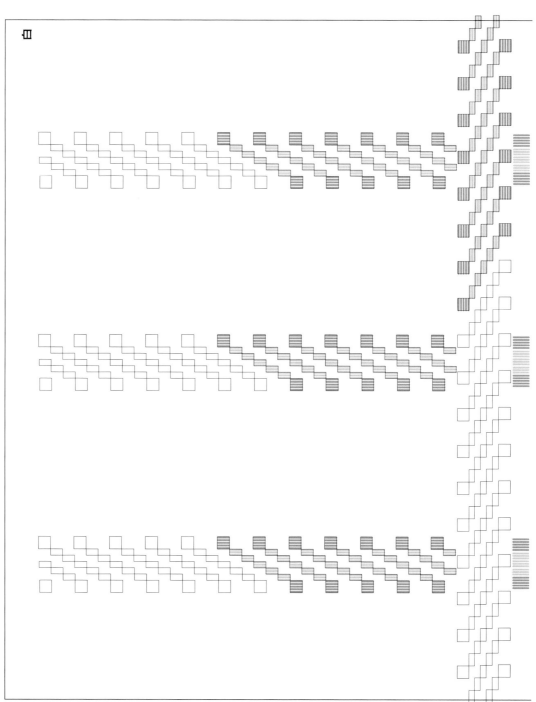

出来上がり寸法　46×45cm

材料
本体用布2種各50×50cm
DARUMA刺し子糸〈合太〉カード巻202（きなり）、215（紺）

作り方のポイント
● 刺し始めと終わりの糸を残してフリンジにする。

作り方
①本体2枚を中表に合わせ、返し口を残して周囲を縫う。
②表に返して返し口をまつってとじる。
③刺し子をする。

本体2枚

46
45

仕立て方

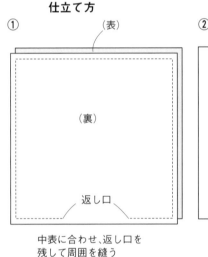

① （表）
（裏）
返し口

中表に合わせ、返し口を
残して周囲を縫う

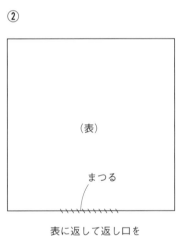

②
（表）
まつる

表に返して返し口を
まつってとじる

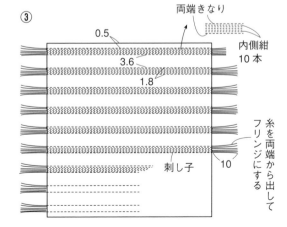

③
0.5
3.6
1.8
両端きなり
内側紺
10本
刺し子
10
糸を両端から出してフリンジにする

出来上がり寸法　35 × 47cm

材料

本体用布（裏布分含む）110 × 40cm
内側布 100 × 80cm
COSMO25 番刺繍糸 601（黒）
ダルマ家庭糸〈細口〉オフホワイト

作り方のポイント

- 刺し方は66ページも参照。
- カンタには内側布を2枚重ね。布によって重ねる枚数やサイズを変更する。
- 25番刺繍糸は6本取りで刺す。

作り方

①本体と裏布を中表に合わせて内側布を重ね、返し口を残して周囲を縫う。
②表に返して、返し口をまつってとじる。
③横刺しをしてからカンタキルティングをする。

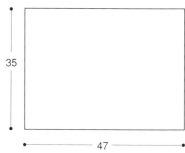

本体、裏布各1枚

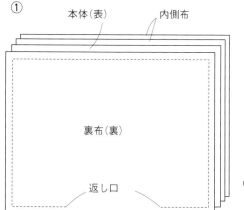

35

47

仕立て方

①

本体（表）　　内側布

裏布（裏）

返し口

中表に合わせ、返し口を
残して周囲を縫う

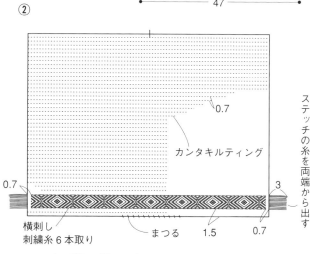

②

0.7

カンタキルティング

0.7

3

ステッチの糸を両端から出す

横刺し
刺繍糸6本取り

まつる　　1.5　　0.7

表に返して返し口をまつってとじる
横刺しをしてからカンタキルティングをする

実物大図案

出来上がり寸法　A4.5×7cm　B5.5×6.5cm　C5.5×6.5cm
D5.5×6.5cm　E6.5×6.5cm　F6.5×7.5cm

い
ろ
い
ろ
ピ
ン
ク
ッ
シ
ョ
ン

材料（1点分）

本体用布20×10cm

アップリケ用布10×10cm（Fのみ）

手芸綿適宜

DARUMA刺し子糸〈細〉カード巻202（きなり）、215（紺）

作り方のポイント

• 刺し方は40ページも参照。

• 自由に刺す。

作り方

①本体前に刺し子をする。
②本体前と後ろを中表に合わせ、返し口を残して周囲を縫う。
③表に返して綿を詰め、返し口をまつってとじる。

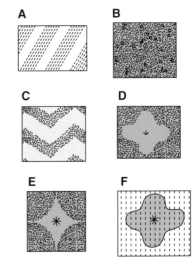

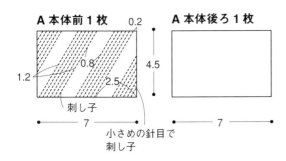

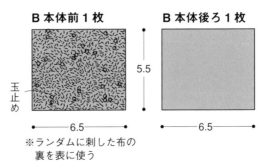

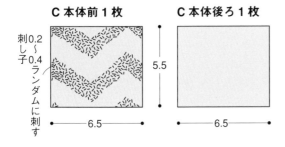

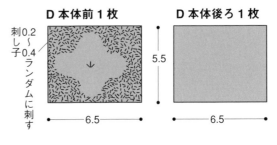

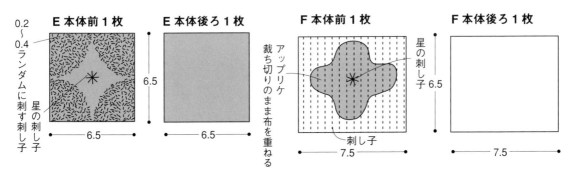

仕立て方

①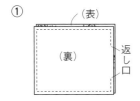

本体前と後ろを中表に
合わせ、返し口を残して
周囲を縫う

②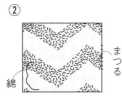

表に返して綿を詰め
返し口をまつって
とじる

実物大図案と型紙

出来上がり寸法　9×9×9cm

材料（1点分）

本体用布 25×15cm
ひも用布 20×5cm
ポプリ適宜
DARUMA刺し子糸〈合太〉カード巻　茶：219（黒）、緑：228（う
ぐいす）

作り方のポイント

- 刺し方は67ページも参照。
- 刺し子糸は、黒は1本取り、うぐいすは2本取りで刺す。

作り方

①本体に刺し子をする。
②中表に二つ折りし、2辺を縫う。
③表に返してポプリを詰め、口をコの字とじでとじる。
④ひもを作り、本体の頂点に縫い止める。

茶

緑

茶
本体1枚

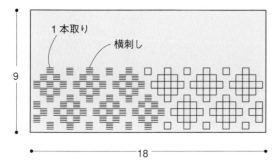

1本取り　　横刺し

9

18

緑
本体1枚

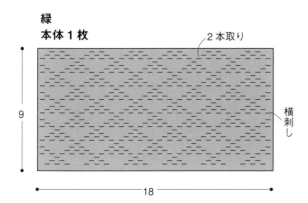

2本取り

9

横刺し

18

仕立て方

①

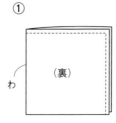

（裏）

わ

わ

中表に二つ折りし
2辺を縫う

②

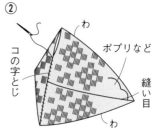

わ

コの字とじ

ポプリなど

縫い目

わ

表に返してポプリなどを詰め
口をコの字とじでとじる

ひも2本

1

20

ひもの作り方

2本を絡ませる

ひものつけ方

縫い止める

1

ひもを輪にして
本体の頂点に重ね
糸で縫い止める

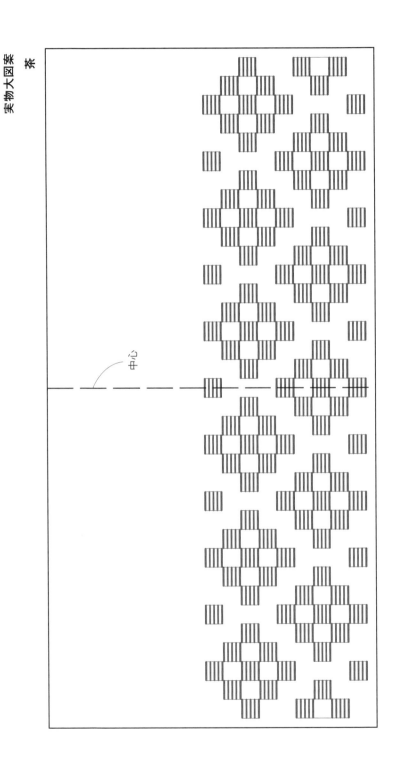

実物大図案 茶

中心

実物大図案

縦

中心

116

p.70

出来上がり寸法　22.5×29cm

格子のかごカバー

材料
本体用布（裏布分含む）70×30cm
DARUMA刺し子糸〈合太〉カード巻219（黒）

作り方のポイント
• 刺し方は77ページも参照。

作り方
①本体に刺し子をする。
②本体と裏布を中表に合わせ、返し口を残して周囲を縫う。
③表に返して返し口をまつってとじる。

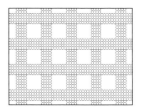

本体 1 枚

中心　　　一目刺し

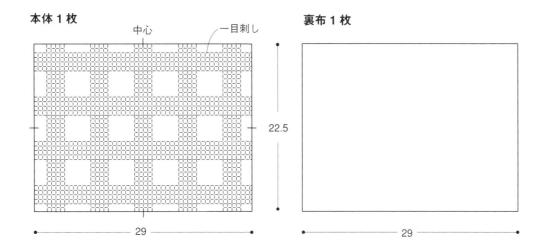

22.5

29

裏布 1 枚

29

仕立て方

①

本体（表）

裏布（裏）

返し口

中表に合わせ、返し口を
残して周囲を縫う

②

まつる

表に返して返し口を
まつってとじる

刺し子のしかた

0.6
0.6
②
①

方眼の交点を0.2cmほどあけて刺す

中心から0.6cm格子を描き、①の横の刺し子をする
次に②の縦の刺し子をする

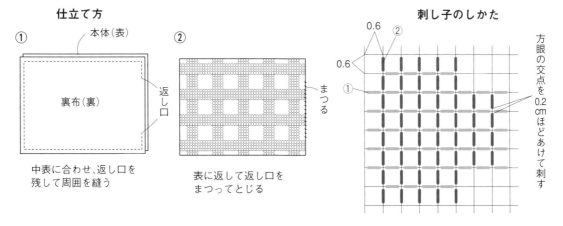

出来上がり寸法　16×16cm

材料
本体用布 40×20cm
ループ用布 15×5cm
内側布 40×40cm
キルト綿 20×20cm
DARUMA 刺し子糸〈合太〉カード巻202（きなり）

作り方のポイント
- 刺し方は67ページも参照。
- 内側布を3〜4枚重ねる。布によって重ねる枚数やサイズを変更する。

作り方
①本体に刺し子をする。
②ループを作る。
③本体と裏布を中表に合わせて内側布とキルト綿を重ね、返し口を残して周囲を縫う。このとき、ループをはさむ。
④表に返して、返し口をまつってとじる。

本体 1 枚

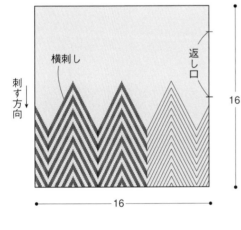

横刺し

返し口

刺す方向

16

16

裏布 1 枚

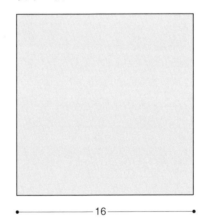

16

16

ループ 1 枚

裁ち切り

4

12

ループの作り方

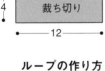

わ
（表）
0.2
1
刺し子糸

四つ折りして端を縫う

仕立て方

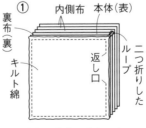

①
内側布　本体（表）
裏布（裏）
ループ
返し口
二つ折りしたループ
キルト綿

本体と裏布を中表に合わせ
内側布を3〜4枚重ね
ループをはさんで
返し口を残して周囲を縫う

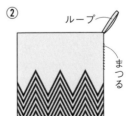

②
ループ
まつる

表に返して返し口を
まつってとじる

中心

藍のミニマット

出来上がり寸法　A11.5×17cm　B14×19cm

材料

A：本体用布（裏布分含む）40×15cm

内側布20×15cm

DARUMA刺し子糸〈合太〉カード巻229（ねずみ）

B：アップリケ用はぎれ各種

土台布20×15cm

DARUMA刺し子糸〈合太〉カード巻229（ねずみ）、〈細〉カード巻202（きなり）、215（紺）、226（水色）

作り方のポイント

● 刺し方は77ページも参照。

作り方

A

①本体に刺し子をする。

②本体と裏布を中表に合わせて内側布を重ね、返し口を残して周囲を縫う。

③表に返して、返し口をまつってとじる。

B

①土台布にアップリケ布を重ねて刺し子をする。

A（一枚布）

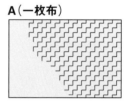

B（パッチワーク）

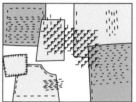

A
本体1枚　　　　　　　　　　　　**裏布1枚**

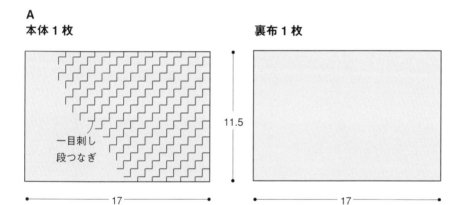

一目刺し
段つなぎ

11.5

17　　　　　　　　　　　17

B
本体1枚

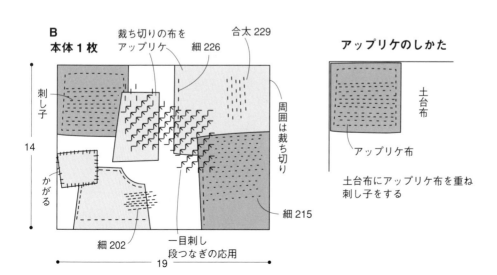

裁ち切りの布をアップリケ　　細226　　合太229

刺し子

かがる

14

周囲は裁ち切り

細215

細202

一目刺し
段つなぎの応用

19

アップリケのしかた

土台布

アップリケ布

土台布にアップリケ布を重ね
刺し子をする

A の仕立て方

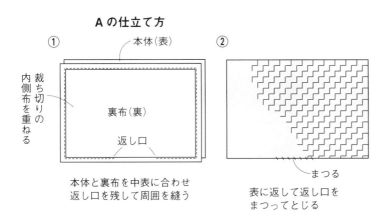

① 本体（表）

裁ち切りの内側布を重ねる

裏布（裏）

返し口

本体と裏布を中表に合わせ
返し口を残して周囲を縫う

② まつる

表に返して返し口を
まつってとじる

刺し子のしかた

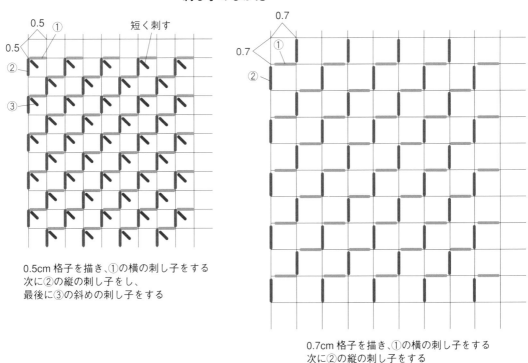

0.5 ①
0.5
② 短く刺す
③

0.5cm 格子を描き、①の横の刺し子をする
次に②の縦の刺し子をし、
最後に③の斜めの刺し子をする

0.7 ①
0.7
②

0.7cm 格子を描き、①の横の刺し子をする
次に②の縦の刺し子をする

出来上がり寸法 55×45cm

材料
本体用布 45×60cm
DARUMA 刺し子糸〈合太〉カード巻215（紺）

作り方のポイント
- 刺し方は77ページも参照。左下のエリアから順に刺す。

作り方
①本体に刺し子をする。
②棒通しを縫う。

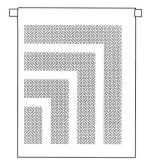

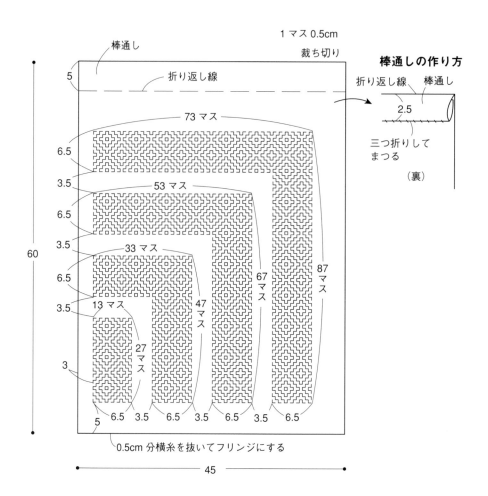

1マス0.5cm

棒通し

裁ち切り

棒通しの作り方

折り返し線

折り返し線　棒通し

2.5

三つ折りして
まつる

（裏）

5

73マス

6.5

3.5
53マス
6.5

3.5
33マス
67マス
6.5
87マス

3.5
13マス
47マス

3
27マス

60

5

6.5　3.5　6.5　3.5　6.5　3.5　6.5

0.5cm分横糸を抜いてフリンジにする

45

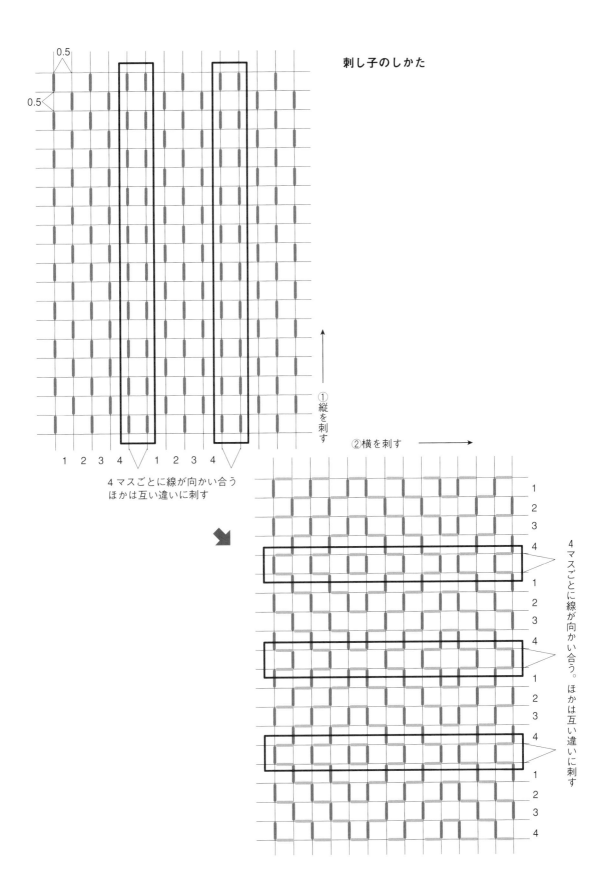

刺し子のしかた

0.5
0.5

①縦を刺す

②横を刺す →

1
2
3
4
1
2
3
4

1 2 3 4 1 2 3 4

4マスごとに線が向かい合う
ほかは互い違いに刺す

4マスごとに線が向かい合う。ほかは互い違いに刺す

出来上がり寸法　ピンク90.5×90.5cm　白80×91cm

大判のタペストリー

材料

ピンク：本体用布85×170cm

縁布100×65cm

DARUMA刺し子糸〈合太〉カード巻205（ピーコック）

白：本体用布100×170cm

縁布90×60cm

DARUMA刺し子糸〈合太〉カード巻229（ねずみ）

作り方のポイント

- 縁布を裏側でまつるとき、表に響かないようにする。
- 刺し方は76・77ページも参照。

作り方

①本体用布を2枚重ね、周囲に縁布をつける。

②縁布を裏に折り返してまつる。

③ピンクは縁布部分、白は本体の周囲に刺し子をする。

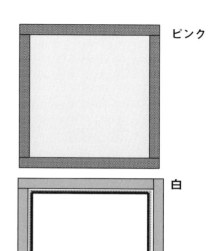

ピンク

白

ピンク

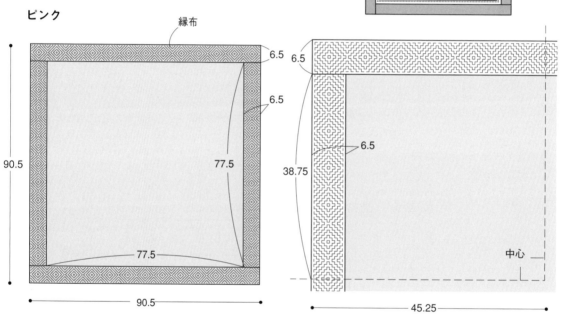

縁布

6.5

6.5

77.5

77.5

90.5

90.5

6.5

6.5

6.5

38.75

中心

45.25

本体2枚

77.5

77.5

縁布 A2枚

折り返し線

13

77.5

縁布 B2枚

折り返し線

13

90.5

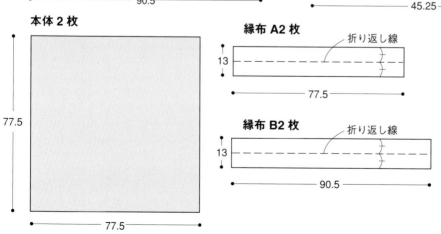

① 仕立て方

本体（表）　縁布Ａ（裏）

本体2枚を外表に重ね、両脇に
縁布Ａを中表に合わせて縫う

② 6.5

（裏）　まつる

縁布を裏に返し、表に
響かないようにまつる

③ 縁布Ｂ（裏）

（表）

上下に縁布Ｂを
中表に合わせて縫う

④ ←くるむ

（裏）　まつる

角の縁布Ｂ同士をまつる

縁布を裏に返し、表に
響かないようにまつる

刺し子のしかた

②横を刺す

①縦を刺す

6マスごとに線が向かい合う。ほかは互い違いに刺す

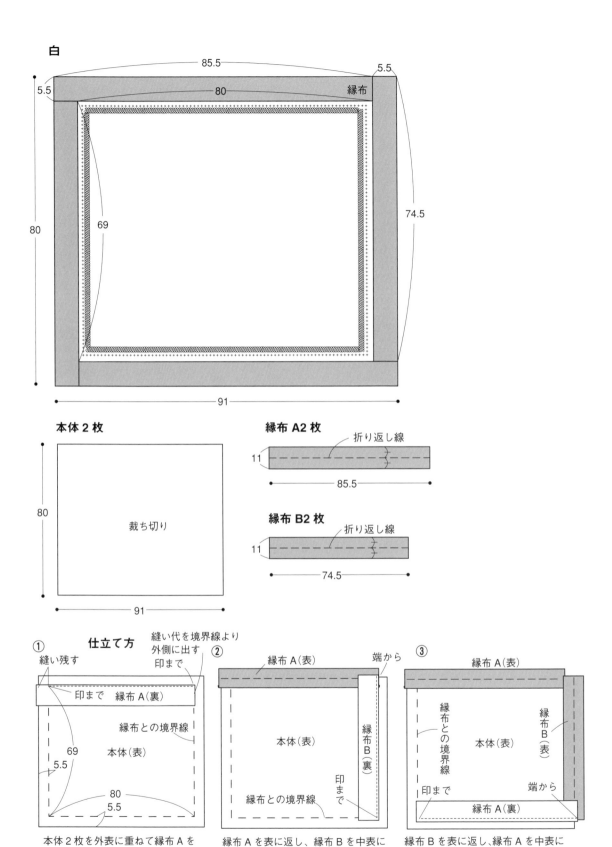

白

縁布

85.5
5.5
5.5
80
縁布
80
74.5
69
91

本体 2 枚

80

裁ち切り

91

縁布 A2 枚

折り返し線

11

85.5

縁布 B2 枚

折り返し線

11

74.5

仕立て方

① 縫い残す
縫い代を境界線より外側に出す
印まで
印まで　縁布 A（裏）
縁布との境界線
69
本体（表）
5.5
80
5.5

本体 2 枚を外表に重ねて縁布 A を中表に重ね、印から印まで縫う

② 縁布 A（表）
端から
本体（表）
縁布 B（裏）
印まで
縁布との境界線

縁布 A を表に返し、縁布 B を中表に重ね、端から印まで縫う

③ 縁布 A（表）
縁布との境界線
本体（表）
縁布 B（表）
印まで
端から
縁布 A（裏）

縁布 B を表に返し、縁布 A を中表に重ねて端から印まで縫う

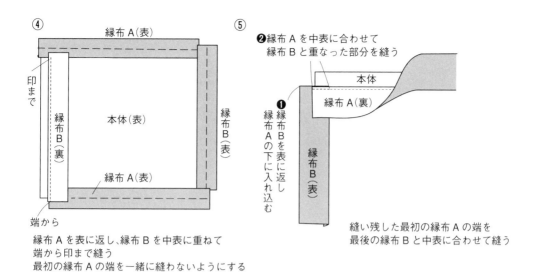

④ 縁布A（表）

印まで

縁布B（裏）

本体（表）

縁布B（表）

縁布A（表）

端から

縁布Aを表に返し、縁布Bを中表に重ねて
端から印まで縫う
最初の縁布Aの端を一緒に縫わないようにする

⑤ ❷縁布Aを中表に合わせて
縁布Bと重なった部分を縫う

本体

縁布A（裏）

❶縁布Bを表に返し縁布Aの下に入れ込む

縁布B（表）

縫い残した最初の縁布Aの端を
最後の縁布Bと中表に合わせて縫う

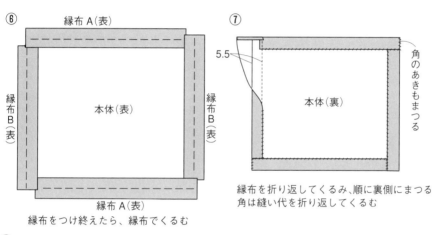

⑥ 縁布A（表）

縁布B（表）

本体（表）

縁布B（表）

縁布A（表）

縁布をつけ終えたら、縁布でくるむ

⑦

5.5

本体（裏）

角のあきもまつる

縁布を折り返してくるみ、順に裏側にまつる
角は縫い代を折り返してくるむ

刺し子のしかた

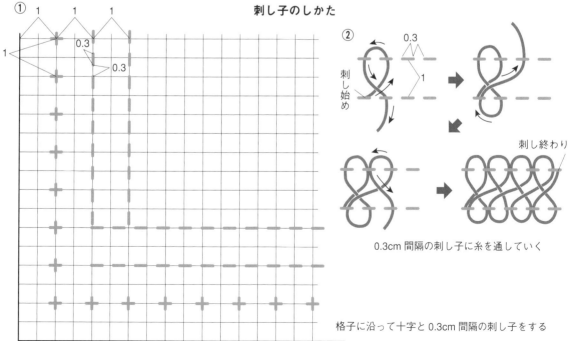

① 1 1 1

1

0.3

0.3

② 0.3

刺し始め

1

刺し終わり

0.3cm間隔の刺し子に糸を通していく

格子に沿って十字と0.3cm間隔の刺し子をする

Profile

実乃莉（池田みのり）
Minori

手芸関連の出版社で編集者として勤務した後、刺繍メーカーに勤務。刺繍キットや用品など、刺繍にまつわる商品の企画を担当している。メーカーで商品企画の仕事もしつつ、作家活動をしている。著書「連続模様で楽しむ かんたん刺しゅう」（日本文芸社）、共著「アップサイクル・ノート」（グラフィック社）「さくさく進む 大きなマス目でクロスステッチ」（誠文堂新光社）がある。

Instagram：@minori_ikeda

製作協力

株式会社 TOMOS company・TERAS
障がい者の自立のための就労支援の場。刺し子と古布を使った製品を作り、販売している。
https://akari-teras.com/

素材協力

横田株式会社・DARUMA
〒 541-0058
大阪府大阪市中央区南久宝寺町 2-5-14
tel. 06-6251-2183
http://www.daruma-ito.co.jp

Staff

撮影　福井裕子
デザイン　橘川幹子
作図　大島幸
編集　恵中綾子
　　　（グラフィック社）

撮影協力

AWABEES
〒 151-0051
東京都渋谷区千駄ヶ谷 3-51-10
PORTAL POINT HARAJUKU 5F
tel. 03-6434-5635

UTUWA
〒 151-0051
東京都渋谷区千駄ヶ谷 3-50-11
明星ビルディング 1F
tel. 03-6447-0070

Modern and Folk Style

刺し子と暮らす
普段使いの小物に刺す モダンミックススタイル

2023 年 4 月 25 日　初版第 1 刷発行
2024 年 5 月 25 日　初版第 2 刷発行

著　者：実乃莉
発行者：津田淳子
発行所：株式会社グラフィック社
　　　　〒 102-0073
　　　　東京都千代田区九段北 1-14-17
　　　　tel. 03-3263-4318（代表）
　　　　　　 03-3263-4579（編集）
　　　　fax. 03-3263-5297
　　　　https://www.graphicsha.co.jp

印刷・製本：図書印刷株式会社